はじめに

本書は，「税理士に対する懲戒処分」にフォーカスし，懲戒処分に関連する税理士法（以下「法」と表記します）等の諸規定及び懲戒処分事例について，筆者が国税局在職時に税理士の監督事務に従事した実務経験に基づいた解説等を加え，税理士一般に認識が薄い税理士業務における業法上のリスクを明確にすることで，税理士にとって最も不名誉かつ経済的ダメージを受ける懲戒処分に関して理解を深めるとともに，読者の法に抵触することのない事務所運営及び業務遂行に資することを目的としています。

教科書的な解説書ではなく，監督当局の調査への対処法等についても解説を加え，より実践的な内容に仕上げています。

税理士業務は，有償無償にかかわらず税理士資格のない者は携わることができない税理士の「独占業務」とされており，一般的に有利な法制度の下に税務に関する業務を独占的に営むことができる恵まれた職業であるとの認識を持たれています。

税理士業務が税理士の独占業務とされているが故に，税理士には法において重い責任と義務が課されています。

冒頭にも記したとおり，筆者は東京国税局在籍中に税理士を監督する側の立場で2年間税理士専門官として数多くの税理士に対して法55条（監督上の措置）に基づく調査を行ってきました。税理士となってからは，逆の立場で監督（税務）当局から法55条に基づく調査を受けている税理士から相談を受けており，両方の立場を経験して痛感したことは，自らに課された責任と義務が業務遂行に大きなリスクをもたらすことを十分に認識せず，「懲戒」は他人事であるか，あるいは全く念頭に置くことなく日々の業務を遂行している税理士が多数を占めているということです。

相談をいただいた事例や実際に懲戒処分に至った事例を検証すると，懲戒処分に至った原因として自己脱税など懲戒処分もやむを得ない事例もありますが，不真正税務書類の作成や名義貸しなどの事由で懲戒処分に付された事例の中には，いかなる証拠に基づいて懲戒事由の事実認定がなされたのか疑問が残る事例も散見されます。

「事実の認定は証拠に基づく」ことが大原則であり，違法行為の存否についての立証責任は，一義的には監督当局が負っているはずですが，立証責任を負っていることや税理士資格という国家資格の存否，懲戒処分の量定によっては１人の人間の人生を左右するかもしれないこと等についてどの程度の認識を持って監督事務に従事しているのか疑念が残る事例が見受けられます。

また，自身の反省の念を込めて振り返ると，通常の税務調査とは異なる相手方（税理士）に対して「監督権限を持っている」という点で，気持ちの持ち方に違いがあるようにも感じます。

「合理的な疑い」が残らない程度の立証がなされたのか疑問が残る処分事例が見受けられる背景は，本書の中で詳説していますが，端的に述べると，監督当局側の調査手法の問題と圧倒的多数の税理士が法55条（監督上の措置）への対処の仕方が分からないことにあると考えています。

相談をいただいた事例の中には，１つ１つの事実に対する強引な解釈や，事実認定について税理士自身が違法行為を行っていないことの説明をさせられること，言葉を換えると，違法行為がないことを税理士自身が合理的に説明できなければそれは違法行為であることに他ならないという展開に持っていかれたものがあります。これは監督当局の調査手法の在り方の問題ですが，税理士側としては，その際の適切な対処によって懲戒処分を受けずに済んだ事例もあることから，監督当局が意図していることが理解でき，対処方法を身に付けていれば懲戒処分は避けられる場合もあると確信しています。

監督当局の職員にとっては単なる職務であっても，税理士にとっては一生を左右する問題にもなりかねない懲戒処分について，曖昧な事実認定の下に懲戒処分を受ける税理士が1人でも存在してはならないという思いが本書執筆の理由，動機であり，本書を手に取っていただいた税理士の方々が懲戒処分のリスクは足元にあるという認識を持ち，法に抵触しない業務遂行並びに法55条に基づく調査を受けた際にも適切な対処ができるようになるための一助となることを願っています。

本書の意見，見解等の部分につきましては，あくまでも筆者の税理士専門官及び国税調査官，査察官の実務体験からの個人的なものであり，監督当局及び税理士会の公式見解等とは異なることを申し添えます。

2021年7月

喜屋武　博一

Contents

第4章　懲戒処分の判断基準と罰則規定

第5章　懲戒処分の推移と今後の予測

第８章 懲戒処分を未然に防ぐために

第 1 章

懲戒処分に関連する税理士法及び通達の主な規定

本章においては，具体的な論点の前に懲戒処分に関連する基本的な規定及び懲戒処分に繋がる可能性のある税理士法の諸規定を確認するとともに，特に注意が必要な条文に補足解説等を加えました。

1

税理士の業務

(1)　税理士業務

税理士業務は法2条1項各号において，税理士は，他人の求めに応じ，租税に関し，①税務代理，②税務書類の作成，③税務相談を行うことを業とすると規定されています。

ただし，租税に関する講演や執筆，質疑応答などで一般的に税法の内容を説明することは税理士業務の範囲外であることから，個別具体的な税法上の問題に触れない限りにおいては税理士資格がない場合であっても税理士法違反に問われることはありません。

また，会社あるいは個人事業主の使用人が当該事業体の租税に関する税務書類の作成あるいは税務代理を行っても税理士法違反に問われることはありません。

しかしながら，雇用契約を装って前記の行為を行った場合は，法52条（税理士業務の制限）に違反することとなります。

(2)　「他人の求めに応じ，租税に関し，①税務代理，②税務書類の作成，③税務相談を行うことを業とする」とは

他人(社)から税理士業務を「業」として行うことを依頼され，その依頼を受託することをいい，「業とする」とは，税理士法基本通達（以下，「基通」と表記します）2-1に「(前略）同条各号（法2条1～3号）に掲げる事務を反復継続して行い，又は反復継続して行う意思をもって行うことをいい，必ずしも有償であることを要しないものとし（後略)」と規定されています。

(3)　税務代理

税務代理とは，①税関官署を除く税務官公署及び国税不服審判所に対する租税に関する法令若しくは行政不服審査法の規定に基づく申告等（申告，申請，請求，届出，報告，申立て若しくは不服申立てその他これらに準ずる行為）について代理し，又は代行する行為，②当該申告等若しくは税務官公署の調査若しくは処分に関し税務官公署に対してする主張若しくは陳述について代理，又は代行する行為，③納税において，分納，納税の猶予等に関し税務官公署に対してする陳述のことをいいます（基通 2-3（納税等に係る税務代理））。

「代理」とは，代理人が代理人の権限内において本人に代わって法律行為を行い，又は法律行為を受領する行為をいい，その法律効果は直接本人に帰属します。

また，「代行」とは，本人に代わって事実の解明，陳述等の事実行為を行うことをいいます（基通 2-4（代理代行））。

なお，「主張」とは，当事者が具体的な法律効果又は具体的な事実について自分の意見を積極的に表明すること，「陳述」とは，単に主張のみならず事実の説明を行うことも含むものと解されています。

税務代理において，法律行為の「代理」にとどまらず「代行」を明文化して規定した背景については，例えば，税務調査のように税理士が納税義務者に代わって事実の解明や陳述等の法律行為とはいえない行為によって当該納税義務者を援助する事例が多い中において，このような行為が税理士業務に該当しないとすることは，税理士制度の趣旨からも適当でないとのことから，従前，解釈上「代理」，「代行」も含まれていると取り扱われていたところ，昭和 55 年の法改正において立法的に明確化されたものです。

(4)　税務書類

法で規定されている「税務書類」とは，税務官公署に提出する申告等に係る申告書，申請書，請求書，届出書，報告書，申立書，計算書，明細書，不服申立書，その他これらに準ずる書類（以下，「申告書等」と表記します）です。

また，所得税の青色決算書については，財務書類と税務書類の明細書の双方を含む書類と解されています。

更に，電子申告によって送信（提出）される電磁的記録（申告データ）についても，平成 14 年 12 月の情報通信技術利用法整備法により，当該電磁的記録も税務書類に含まれることになりました。

なお，法人における貸借対照表，損益計算書等の財務書類はもともと税法の要請のみによって作成されるものではなく，申告書等の添付書類として提出を要請されているとしても，法で定めるところの「税務書類」には含まれません。

(5)　税務書類の作成

税務官公署に対する申告書，申請書，請求書，届出書，報告書，申立書，計算書，明細書，不服申立書，その他これらに準ずる書類で租税に関する法令の規定に基づき作成し，かつ，税務官公署に提出する書類に限られるものを作成することで，「作成する」とは，税務書類を自己の判断に基づいて作成することをいい，単なる代書は含まれません（基通 2–5（税務書類の作成））。

(6)　税務相談

税務相談とは，税務官公署に対する申告等や主張若しくは陳述又は申告書等の作成に関し，租税の課税標準等の計算に関する事項について相談に応じることをいいます。

「相談に応じる」とは，具体的な質問に対して答弁し，指示し又は意見を表明することをいうものであり，納税義務者の具体的事実について行うことを必要とします（基通 2–6（税務相談））。

一般的な税法の解説や研修，講演などにおいて設例に基づいて税額の計算練習をする行為は「税務相談」には該当しません。

例えば，相続に関するセミナー，相談会等において具体的な事実関係に基づいて相続税対策などの質問を受けた際に，税負担等も含めた内容を回答する場合は税務相談に当たる可能性があります。

(7)　税理士業務の対象となる税目

税理士業務の対象となる税目は，原則として国税及び地方税の全てですが，税理士の援助を特に必要としないと認められる税目又は税理士業務になじまない税目で次に記載する税目は除かれます。

①　印紙税

②　登録免許税

③　関税

④　法定外普通税

⑤　自動車重量税

⑥　電源開発促進税

⑦　とん税

⑧　特別とん税

⑨　狩猟税

(8)　法２条２項に規定する付随業務とは

付随業務は，条文に「前項（法２条１項）に規定する業務（以下「税理士業務という」）のほか」と記載のとおり，税理士業務の範疇に含まれるものではありません。記帳代行や財務書類の作成は誰でもできる自由業務ですが，税法に基づく税務計算は企業の会計に関する知識を基礎にして算出した所得金額を基礎に行われており，多数の税理士が記帳代行や財務書類の作成を税理士業務と併せて行っているのが実態なので，このような現実を踏まえて，税理士が本来の税理士業務の他に委嘱者からの求めに応じて税理士の名称を用いて記帳代行及び財務書類の作成ができることを確認的に明らかにして，税理士の税務会計面の地位を高めるために昭和55年の法改正において創設されました。

付随業務については，業務契約，報酬の授受等によっては名義貸しの問題に関わってくるケースもあることから章を改めて解説します。

(9)　税理士業務及び付随業務に関連して注意すべき業務

業務の中では顧問先に様々な問題が発生します。税理士が自らの資格の範囲を超えた行為を行った場合は，そこから懲戒処分に発展する可能性もあり得るので，税理士資格の範囲内で可能な業務を正しく理解しておくことは重要だと考えます。

まず，弁護士との関連ではいわゆる「非弁行為」，つまり弁護士資格のない者（非弁護士）が，報酬を得るために，交通事故の示談交渉，借金の減額交渉，破産の申立て手続き，債権の取り立てなどの法律事務あるいは法律事件を扱うことは，弁護士法72条で禁止されています。税理士の業務においては，前記の借入金の問題や売掛金の回収の問題など，その他様々な法律事件や法律事務が発生します。これらの問題について対処の仕方を間違えて「非弁行為」ととられないように慎重な対応をすべきです。

次に，司法書士との関連ですが，法人の設立の依頼を受けた場合に，公認会計士は付随行為として登記申請書類を作成できますが，税理士はできないので注意が必要です。

最後に，社会保険労務士との関連ですが，社会保険労務士でない者が営利を目的として社会保険労務士法２条１項から２号に掲げる申請書等の作成，提出代行，事務代理及び帳簿書類の作成を業として行うことは原則として禁止されています。しかし，日本税理士会連合会と全国社会保険労務士連合会との間で「税理士又は税理士法人が行う付随業務の範囲に関する確認書」を交わしており，その内容は税理士が付随業務として行える社会保険に関する事務の範囲は，「租税債務確定に必要な事務の範囲内のもの」を前提として，社会保険労務士法２条１項１号から２号に規定する労働及び社会保険に関する法令に基づいて行政機関に提出する申請書，届出書，報告書その他の書類の作成及び労働社会保険諸法令に基づく帳簿書類の作成に限りできることとなりました。

社会保険労務士との関係においては，業務提携的に連携している税理士，社会保険労務士の間で，社会保険労務士が行う給与計算の延長線上で年末調整を行うことを税理士が黙認あるいは明示的に承認している事例がありますので，税理士の立場として決してそのようなことを黙認あるいは承認してはならないと考えます。

税理士又は税理士法人が行う付随業務の範囲に関する確認書

全国社会保険労務士連合会及び日本税理士会連合会は，社会保険労務士法第 27 条ただし書及び同法施行令第２条第２号に基づく付随業務の範囲に関する協議において，下記のとおり意見の一致をみたのでここに確認する。

1　税理士又は当該税理士法人が社会保険労務士法第２条第１項第１号から第２号までに掲げる事務を行うことができるのは，税理士法第２条第１項に規定する業務に付随して行う場合であること。

2　(1) 上記1にいう税理士又は税理士法人が付随業務として行うことができる社会保険労務士法第２条第１項第１号から第２号に掲げる事務は「租税債務の確定に必要な事務」の範囲内のものであること。

(2) 社会保険労務士法第２条第１項第１号の２の業務（提出代行）及び同第１号の３の業務（事務代理）は，付随業務ではないこと。

3　付随業務に関して疑義が生じた場合は，その都度，全国社会保険労務士連合会及び日本税理士会連合会との間で協議の上，解決を図ることとする。

なお，年末調整に関する事務は，税理士法第２条第１項に規定する業務に該当し，社会保険労務士が当該業務を行うことは税理士法第52条（税理士業務の制限）に違反する。

2

税理士の欠格条項及び登録拒否

(1) 「税理士の資格を有しない」とは

税理士の資格を有しないという意味は，税理士になる資格（法３条（税理士の資格））を得た者であっても，法４条（欠格条項）に掲げられている１号から10号のいずれかに該当する者は，税理士となる資格を有しないということです。

また，既に税理士登録を受けている者であっても，法４条に掲げられている２号から９号のいずれかに該当することとなったときは，日本税理士会連合会は，法26条（登録の抹消）１項４号の規定により遅滞なくその登録を抹消しなければならないと規定されています。

以下，懲戒処分と関連する規定について解説します。

法４条４号

国税若しくは地方税に関する法令又はこの法律（税理士法）の規定により禁錮以上の刑に処せられた者で，その刑の執行を終わり，又は執行を受けることがなくなった日から５年を経過しないもの

本号から６号までに規定されている「国税若しくは地方税に関する法令」とは全ての国税及び地方税に関する法律，政令，省令及び地方団体の条例のことをいいます。

日本の刑罰は，刑の重さの順で並べると「死刑，懲役，禁錮，罰金，拘留，科料，没収（付加刑）」となっています。

「刑に処せられた」とは，判決が確定したことをいい，「刑に処せられた」場合に該当しないものとして（以下，6号まで同じです），①刑の執行猶予の言い渡しを取り消されることなく猶予の期間を経過したとき，②大赦又は特赦により有罪の言い渡しの効力がなくなったときがあります（基通4–1）。

「刑の執行の終了」とは，（以下，6号まで同じです）①罰金を完納した日又はその完納ができない場合において，労役場に留置されその期間が満了し，又は仮出場を許されてその処分が取り消されず労役場留置期間が満了した日，②禁錮又は懲役の刑期の満了した日又は仮出獄を許された場合において，仮出獄の処分が取り消されず刑期が満了した日をいいます（基通4–2）。

「刑の執行を受けることがなくなった日」とは，（以下，6号まで同じです）①時効の完成により刑の執行が免除された日，②外国において言い渡された刑の全部又は一部の執行を受けたことによって，刑の執行の減軽又は免除を受け，刑の執行を受けることがなくなった日，③恩赦法に規定する減刑により，別の刑の執行を減軽されることによって刑の執行を受けることがなくなった日，④恩赦法に規定する刑の執行の免除により，刑の執行を免除された日をいいます（基通4–3）。

法4条5号

国税若しくは地方税に関する法令若しくはこの法律（税理士法）の規定により罰金の刑に処せられた者又は国税犯則取締法若しくは関税法の規定により通告処分を受けた者で，それぞれの刑の執行を終わり，若しくは執行を受けることがなくなった日又はその通告の旨を履行した日から3年を経過しないもの

本号で規定されている用語を確認します。

「罰金」とは，原則として1万円以上とされ，「科料」は千円以上1万円未満（刑法15，17条）とされています。

「通告処分」とは，課税当局が，間接国税等に関する犯則事件の調査により犯

則の心証を得たときに，その理由を明示して罰金若しくは科料に相当する金額，没収品に該当する物品，徴収金に相当する金額等を納付すべきことを通告する処分をいいます。

国税犯則取締法は，平成29年度の税制改正において廃止され，国税犯則調査手続及び犯則事件の処分は，国税通則法（以下，「通」と表記します）131条から160条に規定されています。

【間接国税に関する犯則事件の調査及び処分等の関係図】

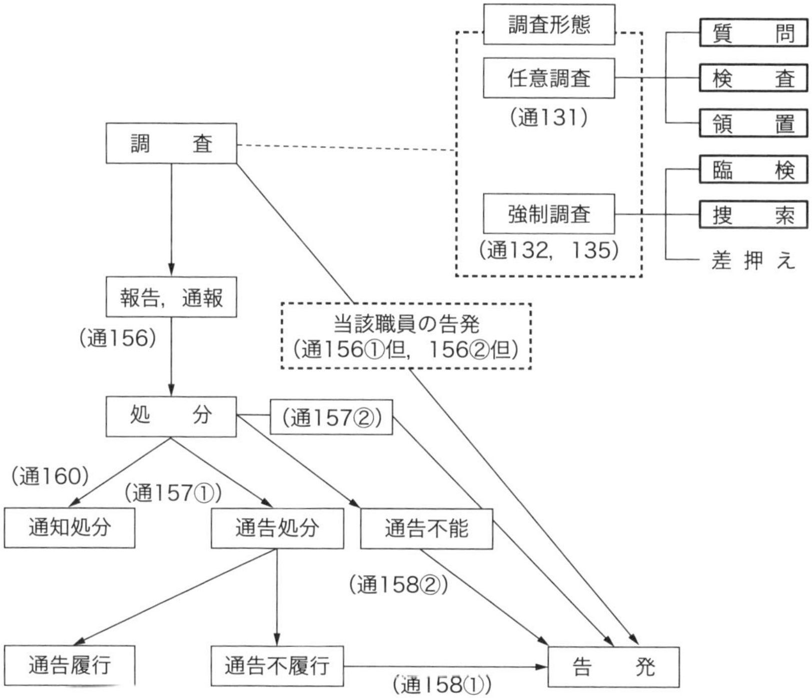

(国税庁ホームページ「犯則事件の処理」より抜粋)

法4条6号

国税若しくは地方税に関する法令又はこの法律以外の規定により禁固以上の刑に処せられた者で，その刑の執行を終わり，又は執行を受けることがな

くなった日から３年を経過しないもの

法４条７号

懲戒処分により税理士業務を禁止された者で，当該処分を受けた日から３年を経過しないもの

法４条10号

弁護士法若しくは外国人弁護士による法律事務の取扱いに関する特別措置法，公認会計士法，弁理士法，司法書士法，行政書士法，社会保険労務士法，又は不動産の鑑定評価に関する法律の規定による懲戒処分により，弁護士会からの除名，公認会計士の登録の抹消，弁理士，司法書士若しくは行政書士の業務禁止，社会保険労務士の失格処分又は不動産鑑定士の登録消除の処分を受けた者でこれらの処分を受けた日から３年を経過しないもの

上記10号には，税理士が下表の士業の資格を有し該当の懲戒処分を受けた場合には，当該処分を受けた日から3年を経過しない場合は税理士となる資格を有しないことが規定されています。

資　格	処　分	期 間	監督官庁等
弁護士	弁護士会からの除名	３年	所属弁護士会
公認会計士	登録抹消	５年	金融庁
弁理士	業務の禁止	３年	経済産業省
司法書士	業務の禁止	３年	法務省
行政書士	業務の禁止	３年	都道府県
社会保険労務士	失格処分	３年	厚生労働省
不動産鑑定士	登録消除	３年	国土交通省

【主な隣接士業との行政庁による懲戒処分の比較】

（注）弁護士については，弁護士会が懲戒処分の権限を有しているので比較表への記載を省略します。

〈税理士等〉

懲戒事由	①　税理士法 45 条（脱税相談等をした場合の懲戒） ②　税理士法 46 条（一般の懲戒） 税理士法人に対する懲戒事由 ③　税理士法 48 条の 20（違法行為等についての処分）
懲戒請求者	税理士法 47 条 3 項 何人でも可
懲戒請求先	税理士法 47 条 財務大臣
懲戒権者	税理士法 46・47 条 財務大臣
懲戒処分の公告	税理士法 48 条 官報公告
処分の種類・効果	税理士法 44 条（懲戒の種類） ①戒告 ② 2 年以内の税理士業務の停止 ③税理士業務の禁止 税理士法人に対する処分 税理士法 48 条の 20 ①戒告 ② 2 年以内の業務の全部又は一部の停止 ③解散

〈公認会計士等〉

懲戒事由	①　公認会計士法 30 条（虚偽又は不当の証明についての懲戒） 1 項　公認会計士が，故意に，虚偽，錯誤又は脱漏のある財務書類を虚偽，錯誤及び脱漏のないものとして証明した場合には，内閣総理大臣は前条（第 29 条）第 2 号又は第 3 号に規定する懲戒の処分をすることができる。

2 項　公認会計士が，相当の注意を怠り，重大な虚偽，錯誤又は脱漏のある財務書類を重大な虚偽，錯誤及び脱漏のないものとして証明した場合には，内閣総理大臣は前条（第 29 条）第 1 号又は第 2 号に規定する懲戒の処分をすることができる。

3 項　監査法人が虚偽，錯誤又は脱漏のある財務書類を虚偽，錯誤及び脱漏のないものとして証明した場合において，当該照明に係る業務を執行した社員である公認会計士に故意又は相当の注意を怠った事実があるときは，当該公認会計士について前 2 項の規定を準用する。

②　公認会計士法 31 条（一般の懲戒）

1 項　公認会計士がこの法律若しくはこの法律に基づく命令に違反した場合又は第 34 条の 2 の規定による指示に従わない場合には，内閣総理大臣は，第 29 条各号に規定する懲戒の処分をすることができる。

2 項　公認会計士が，著しく不当と認められる業務の運営を行った場合には，内閣総理大臣は，第 29 条第 1 号又は第 2 号に掲げる懲戒の処分をすることができる。

③　公認会計士法 34 条の 2（指示）

内閣総理大臣は，公認会計士がこの法律若しくはこの法律に基づく命令に違反したとき，又は公認会計士が行う第 2 条第 1 項の業務が著しく不当と認められる場合において，当該公認会計士が行う同項の業務の適正な運営を確保するために必要と認められるときは，当該公認会計士に対し，必要な支持をすることができる。

監査法人に対する懲戒事由

④　公認会計士法 34 条の 21

1 項　（虚偽又は不当の証明等についての処分等）

内閣総理大臣は，監査法人がこの法律若しくはこの法律に基づく命令に違反したとき，又は監査法人の行う第 2 条第 1 項の業務の運営が著しく不当と認められる場合において，同項の業務の適正な運営を確保するために必要であると認められるときは，当該法人に対し，必要な指示をすることができる。

2 項　内閣総理大臣は，監査法人が次の各号のいずれかに該当するときはその監査法人に対し（以下は，「処分の種類・効果」に記載する。）

1 号　社員の故意により，虚偽，錯誤又は脱漏のある財務書類を虚偽，錯誤又は脱漏のないものとして証明したとき

2 号　社員が相当の注意を怠ったことにより，重大な虚偽，錯誤又は脱漏のある財務書類を重大な虚偽，錯誤又は脱漏のないものとして証明したとき

3 号　この法律に基づく命令に違反し，又は運営が著しく不当と認められるとき

4 号　前項の規定による指示に従わないとき

懲戒請求者	公認会計士法 32 条 　何人でも可
懲戒請求先	公認会計士法 32 条 　内閣総理大臣
懲戒権者	公認会計士法 30・31 条 　内閣総理大臣
懲戒処分の公告	公認会計士法 34 条 3 項 　官報公告
処分の種類・効果	公認会計士法 29 条（懲戒の種類） 　①戒告 　② 2 年以内の業務の停止 　③登録の抹消 監査法人に対する処分 公認会計士法 34 条の 21 第 2 項 　①戒告 　② 2 年以内の業務の全部又は一部の停止 　③解散

〈不動産鑑定士〉

懲戒事由	①　不動産の鑑定評価に関する法律 40 条（不当な鑑定評価等についての懲戒処分） 1 項　国土交通大臣は，不動産鑑定士が故意に，不当な鑑定評価その他鑑定評価業務に関する不正又は著しく不当な行為（以下「不当な鑑定評価等」という。）を行ったときは，懲戒処分として，1 年以内の期間を定めて鑑定評価業務を行うことを禁止し，又はその不動産鑑定士の登録を消除することができる。不動産鑑定士が，第 6 条又は第 33 条の規定に違反したときも，同様とする。（注 1） 2 項　国土交通大臣は，不動産鑑定士が，相当の注意を怠り，不当な鑑定評価等を行ったときは，懲戒処分として，戒告を与え，又は 1 年以内の期間を定めて鑑定評価業務等を行うことを禁止することができる。 3 項　国土交通大臣は，不動産鑑定士が，前 2 項の規定による禁止の処分に違反したときは，その不動産鑑定士の登録を消除することができる。 （注 1） 　6 条（秘密を守る義務）

	不動産鑑定士は，正当な理由がなく，鑑定評価業務に関して知り得た秘密をたに漏らしてはならない。不動産鑑定士でなくなった後においても，同様とする。 33 条（無登録業務の禁止） 不動産鑑定業者の登録を受けない者は，不動産鑑定業を営んではならない。 不動産鑑定業者に対する懲戒事由 ② 不動産の鑑定評価に関する法律 41 条（不動産鑑定業者に対する監督処分） 1 項 国土交通大臣又は都道府県知事は，その登録を受けた不動産鑑定業者が次の各号のいずれかに該当するときは，その不動産鑑定業者に対して，戒告を与え，1 年以内の期間を定めてその業務の全部若しくは一部の停止を命じ，又はその登録を消除することができる。 1 号 この法律又はこの法律に基づく国土交通大臣若しくは都道府県知事の処分に違反したとき 2 号 不動産鑑定業者の業務に従事する不動産鑑定士が，前条の規定による処分を受けた場合において，その不動産鑑定業者の責めに帰すべき理由があるとき。
懲戒請求者	不動産の鑑定評価に関する法律 42 条 何人でも可
懲戒請求先	不動産の鑑定評価に関する法律 42 条 不動産鑑定士の場合は国土交通大臣 不動産鑑定業者の場合は当該不動産鑑定士がその業務に従事する不動産鑑定業者が登録を受けた都道府県知事
懲戒権者	不動産の鑑定評価に関する法律 40・41 条 国土交通大臣又は都道府県知事
懲戒処分の公告	不動産の鑑定評価に関する法律 44 条 官報公告
処分の種類・効果	不動産の鑑定評価に関する法律 40 条（不当な鑑定評価等についての懲戒処分） ①戒告 ②1 年以内の業務の禁止 ③登録の消除 不動産鑑定業者に対する処分 不動産の鑑定評価に関する法律 41 条（不動産鑑定業者に対する監督処分） ①戒告

	②１年以内の業務の禁止 ③登録の消除

〈司法書士〉

懲戒事由	①　司法書士法 47 条（司法書士に対する懲戒） 司法書士がこの法律に基づく命令に違反したとき ②　司法書士 48 条（司法書士法人に対する懲戒） 司法書士法人がこの法律に基づく命令に違反したとき
懲戒請求者	司法書士法 49 条 何人でも可
懲戒請求先	司法書士法 49 条 当該事務所を管轄する法務局又は地方法務局の長
懲戒権者	司法書士法 47 条 司法書士法 48 条１項・２項 当該事務所を管轄する法務局又は地方法務局の長
懲戒処分の公告	司法書士法 51 条 官報公告
処分の種類・効果	司法書士法 47 条（司法書士に対する懲戒） ①戒告 ②２年以内の業務の停止 ③業務の禁止 司法書士法 48 条１項（司法書士法人の主たる事務所） ①戒告 ②２年以内の業務の全部又は一部の停止 ③解散 司法書士法 48 条２項（司法書士法人の従たる事務所） ①戒告 ②当該法務局又は地方法務局の管轄区域内にある当該司法書士法人の事務所についての２年以内の業務の全部又は一部の停止

〈行政書士〉

懲戒事由	①　行政書士法 14 条（行政書士に対する懲戒） 行政書士がこの法律若しくはこれに基づく命令，規則その他都道府県知事の処分に違反したとき又は行政書士たるにふさわしくない重大な非行があったとき ②　行政書士士法 14 条の２（行政書士法人に対する懲戒） 行政書士法人がこの法律若しくはこれに基づく命令，規則その他都道府県知事の処分に違反したとき又は運営が著しく不当と認

	められるとき
懲戒請求者	行政書士法 14 条の 3 何人でも可
懲戒請求先	行政書士法 14 条の 3 当該事務所を管轄する都道府県知事
懲戒権者	行政書士法 14 条 行政書士法 14 条の 2 第 1 項 行政書士法 14 条の 2 第 2 項 当該事務所を管轄する都道府県知事
懲戒処分の公告	行政書士法 14 条の 5 官報公告
処分の種類・効果	行政書士法 14 条 ①戒告 ② 2 年以内の業務の停止 ③業務の禁止 行政書士法 14 条の 2（行政書士法人）1 項 ①戒告 ② 2 年以内の業務の停止 ③解散 2 項 ①戒告 ②当該都道府県の区域内にある当該行政書士法人の事務所についての 2 年以内の業務の全部又は一部の停止

〈社会保険労務士〉

懲戒事由	①　社会保険労務士法 25 条の 2（不正行為の指示等を行った場合の懲戒） 1 項　社会保険労務士が故意に，真正の事実に反して申請書等の作成，事務代理若しくはあっせん代理をしたとき，又は第 15 条の規定に違反する行為をしたとき ②　社会保険労務士法 25 条の 2 2 項　社会保険労務士が相当の注意を怠り，前項に規定する行為をしたとき ③　社会保険労務士法 25 条の 3（一般の懲戒） 前条の規定に該当する場合を除くほか，社会保険労務士が，第 17 条第 1 項若しくは第 2 項の書面に添付する若しくは同条第 1 項若しくは第 2 項の規定による付記に虚偽の記載をしたとき，この法律及びこれに基づく命令若しくは労働社会保険諸法令の規定に違反したとき，又は社会保険労務士たるにふさわしくない重大

	な非行があったとき ④　社会保険労務士法25条の24 社会保険労務士法人がこの法律若しくはこの法律に基づく命令に違反し，又は運営が著しく不当と認められるとき
懲戒請求者	社会保険労務士法25条の3の2第2項 何人でも可
懲戒請求先	社会保険労務士法25条の3の2第2項 厚生労働大臣
懲戒権者	社会保険労務士法25条の2第1項・2項 厚生労働大臣
懲戒処分の公告	社会保険労務士法25条の5 官報公告
処分の種類・効果	社会保険労務士法25条（懲戒の種類） ①戒告 ②1年以内の開業社会保険労務士若しくは開業社会保険労務士の使用人である社会保険労務士又は社会保険労務士法人の社員若しくは使用人である社会保険労務士の業務の停止 ③失格処分（社会保険労務士の資格を失わせる処分をいう） 社会保険労務士法25条の2（不正行為の指示などを行った場合の懲戒） 1項 ①1年以内の業務の停止 ②失格処分 2項 ①戒告 ②1年以内の業務の停止 社会保険労務士法第25条の3（一般の懲戒） ①戒告 ②1年以内の開業社会保険労務士若しくは開業社会保険労務士の使用人である社会保険労務士又は社会保険労務士法人の社員若しくは使用人である社会保険労務士の業務の停止 ③失格処分（社会保険労務士の資格を失わせる処分をいう）

11号

税理士の登録を拒否された者のうち第22条第4項の規定に該当する者又は第25条第1項第1号の規定により税理士の登録を取り消された者で，これらの処分を受けた日から3年を経過しないもの法22条（登録に関する決定）4項には，登録申請者が税理士となる資格又は法24条（登録拒否事由）の各号に規定されている登録拒否事由に関する事項について，記載すべき事項を記載せず，又は虚偽の記載をして登録申請をした場合は，登録を拒否できるとする規定ですが，その場合は書面によって通知しなければならないとされています。

(2) 登録申請が拒否される場合

法24条

（登録拒否事由）

1号 懲戒処分により，弁護士，外国法事務弁護士，公認会計士，弁理士，司法書士，行政書士若しくは社会保険労務士の業務を停止された者又は不動産の鑑定評価に関する法律第5条に規定する鑑定評価業務を行うことを禁止された不動産鑑定士で，現にその処分を受けているもの

税理士資格以外にも他の資格を有して事務所経営をしている税理士について，上記資格士業の根拠法に基づいて業務停止あるいは業務禁止の処分を受けた場合には，税理士業務を行うこともできなくなるので注意が必要です。

次の3号も同様ですが，法4条の欠格条項においては各業法における最も重い処分が課された場合が要件となっています。

法24条3号

不正に国税又は地方税の賦課又は徴収を免れようとし，又は免れさせ，若しくは免れさせようとした者で，その行為があった日から2年を経過しないもの

3号から5号でいう「国税」には税理士業務の対象税目には含まれない関税，と

ん税及び特別とん税も含まれています。

「不正に国税又は地方税の賦課又は徴収を（中略）者」は，税理士法基本通達24–3に「税務官公署の重加算税の賦課，通告処分及び告発又は検察庁の起訴若しくは徴罪不起訴等によって，国税又は地方税の賦課又は徴収を免れ，若しくは免れようとし，又は免れさせ，若しくは免れさせようとした行為が明らかである者」と定義されています。

上記通達にある「賦課又は徴収を免れ」とは，罰金又は禁錮以上の刑に処せられず通告処分も受けていないが，国税又は地方税の賦課又は徴収を免れたことにより，①科料に処された，②告発されたが起訴猶予又は不起訴処分となった，③告発に至らなかったが重加算税を賦課された場合をいいます。

ここで留意すべきことは，上記1号と同様で，法4条の欠格条項においては禁錮以上の刑が要件となっていますが，本条規定の登録拒否事由は禁錮に至らない上記①から③の場合でも登録申請の拒否要件に該当するという点です。後段で詳説しますが，登録を拒否された場合の救済手段は規定されてはいるものの，税理士として業務を営むためには税理士登録をしなければならないという観点から考えた場合に，欠格条項で税理士となる資格を有しないことと，税理士となる資格はあるものの登録拒否事由に該当し登録を拒否されることは，税理士として税理士業務が行えないという意味においては大差がないとも考えられます。

本号においては登録拒否事由に関する解説が本旨ですが，欠格条項との関連を理解しておくことも重要なので，「不正に国税又は地方税の徴収を免れる」行為について若干の補足をします。

「税の徴収」については，税理士の日常業務の中において直接かかわることが少ないケースであることから，条文そのものを調べる機会も同様であり，具体的に「不正に徴収を免れる」行為がどのようなものであるかイメージするために「税の徴収」に関する規定から「不正に国税又は地方税の徴収を免れる」行為について，国税徴収法187条（滞納処分免脱罪）の規定を確認します。

同条の規定の要旨は，納税者又は納税者と一定の関係にある者が納税者に対する滞納処分の執行を免れ，又は免れさせる目的で，その納税者の所有に属する財産を，隠ぺい，損壊，その他財産の価値を減少させる等の行為をいい，具体的には，①隠ぺいとは，財産についての仮装売買，仮装贈与，財産の隠匿等，②損壊とは，財産の構造の一部又は全部について損傷を与え，その性質，形状を変える等その財産の財産的価値を害する行為，③贈与，不当に低額な対価による売買，換価容易な財産と換価困難な財産との交換，質権の設定，債務免除その他財産の処分によって国を不利益にさせる一切の行為，④虚偽に地上権，賃借権を設定する等その財産の価値の減少を仮装する一切の行為が挙げられています。この規定によって処罰を受ける者は，㋑納税者，㋺納税者の財産を占有する第三者（正当な権原の有無にかかわらない），㋩納税者又はその財産を占有する第三者の相手方（上記①から④までの行為の相手方となった者）が対象となっています。税理士が滞納処分の関係者の当事者になるということは考えにくいですが，「不正に徴収を免れ，又は免れさせる」行為は刑事罰の対象であることを認識しておくことが大事です。つまり，「不正に徴収を免れ，又は免れさせる」行為を行い刑事罰を受けると，欠格条項に該当して税理士となる資格を有しなくなることになります。

その他，「免れようとし」とは，逋脱の準備をしたり，実行に着手したり，協議に加わった場合をいい，「免れさせ」又は「免れさせようとした」とは，他人を教唆又は幇助して逋脱させ，又はさせようとした場合をいいます。

また，本号から5号まで出てくる「行為があった日」とは，①裁判所において認めた犯罪行為のある場合には，その行為の日，②裁判所において認めた犯罪行為のない場合には，検察庁において認めた犯罪行為の日，③これらの行為のない場合には，国税局長，税務署長又は税関長（地方においては，地方公共団体の長）が認めたその行為の日と規定されています（基通 24–4（行為があった日））。

法24条4号

不正に国税又は地方税の還付を受け，若しくは受けようとし，又は受けさ

せ，若しくは受けさせようとした者で，その行為があった日から２年を経過しないもの

法24条５号

国税若しくは地方税又は会計に関する事務について刑罰法令に触れる行為をした者で，その行為があった日から２年を経過しないもの

「国税若しくは地方税又は会計に関する事務」には，税務官公署における事務の他，その他の官公署及び会社等において会計に関する事務も含まれます（基通24-5（国税若しくは地方税又は会計に関する事務））。

「刑罰法令に触れる行為をした者」とは，税務官公署の告発，検察庁の起訴又は微罪不起訴等によって，①国税又は地方税に関する法令に規定する国税又は地方税の賦課又は徴収を免れ，若しくは免れようとし，又は免れさせようとした罪以外の罪に該当する行為，②税理士法又は公認会計士法に規定する罪に該当する行為，③国税又は地方税又は会計に関する事務について刑法に規定する証拠隠滅，印章及び文書偽造，偽証，職権乱用，収賄，背任又は横領の罪に該当する行為があったことが明らかである者です（基通24-6（刑罰法令に触れる行為をした者））。

証拠隠滅

○刑法104条（証拠隠滅等）

印章偽造の罪

○刑法165条（公印偽造及び不正使用等）

１項　行使の目的で，公務所又は公務員の印章又は署名を偽造した者は，３月以上５年以下の懲役に処する。

２項　公務所又は公務員の印章若しくは署名を不正に使用し，又は偽造した公務所若しくは公務員の印章若しくは署名を使用した者も，前項と同様とする。

○刑法 167 条（私印偽造及び不正使用等）

1 項　行使の目的で，他人の印章又は署名を偽造した者は，3 年以下の懲役に処する。

2 項　他人の印章若しくは署名を不正に使用し，又は偽造した印章若しくは署名を使用した者も，前項と同様とする。」

文書偽造の罪

○刑法 155 条（公文書偽造等）

○刑法 157 条（公正証書原本不実記載等）

○刑法 159 条（私文書偽造等）

法 24 条 6 号ロ

第 4 条第 4 号から第 11 号までのいずれかに該当していた者が当該各号に規定する年数を経過して登録を申請したとき

従来は，法 4 条に規定する欠格条項に該当して税理士となる資格を有しないとされていた者が，それぞれの規定の年数を経過後に税理士登録（再登録）の申請をしてきた場合には，日本税理士会連合会は無条件に登録を認めざるを得なかったところ，欠格事由が，国税又は地方税に関する法令等の違反者，税理士法によって禁止の懲戒処分を受けた者，国家公務員法等による懲戒処分者など税理士としての品位や適格性を欠くおそれのある者が無条件に税理士登録の申請が承認されることがないように，平成 26 年の法改正において規定されたものです。

この場合の，当該登録申請者が「税理士業務を行わせることがその適性を欠くおそれのある者」に該当するか否かの判定は，税理士法基本通達（税理士業務を行わせることがその適性を欠くおそれがある者の判定）に，「①過去における当該申請者の非行の性質や内容，②当該非行からの経過期間，③その間における本人の反省や謹慎の具体的な状況等を総合的に勘案して判定するものとする。なお，単に法第4条第4号から第11号までに規定する年数が経過したことのみをもって，当該登録拒否事由に該当しないと判定することがないよう留意する」と規定されています。

法24条7号
税理士の信用又は品位を害するおそれがある者その他税理士の職責に照らし税理士の適格性を欠く者

本号における判定の要素は，第6号の判定要素に加えて税理士法基本通達（税理士の信用又は品位を害するおそれがある者の判定）に，「④当該非行による社会的影響の大きさやその沈静化の程度等も勘案して判定するものとする」と規定されています。

(3)　登録申請が拒否された場合の救済手段

税理士の登録申請は，事務所を設置する地域の税理士会に登録申請書を提出し，日本税理士会連合会は，法22条（登録に関する決定）の規定により資格審査会において審査を行い登録の可否を判断します。

審査において申請者が税理士となる資格を有し，かつ，法24条（登録拒否事由）各号のいずれにも該当しない者であると認めたときは税理士名簿に登載します。

申請者が法24条（登録拒否事由）各号のいずれかに該当する者であると認められたときは，登録を拒否しなければならないとされています。

登録申請を拒否された場合の救済手段は，法24条の2（登録を拒否された場合の審査請求）に規定されており，その内容は，①同条第1項に，日本税理士会連合会から登録を拒否された場合，②同条第2項に，登録申請書を提出した日から3月を経過しても当該申請書に対して日本税理士会連合会から何らの処分がない場合と規定されており，いずれの場合においても国税庁長官に対して審査請求ができます。

国税庁長官は，この審査請求を受けると，行政不服審査法の規定に従って審理手続きを行い裁決します。

審理の結果，日本税理士会連合会の行った登録拒否が正当であり，審査請求に理由がないと認められるときは棄却の採決が行われます。また，審査請求人が登録申請書に税理士となる資格又は登録拒否事由に関する事項について記載すべきことを記載せず，又は虚偽の記載をした者であるときは，国税庁長官は裁決書にその旨を記載しなければなりません。

審理の結果，審査請求に理由があると認められるときは，国税庁長官は，日本税理士会連合会に対して登録受理，その他相当の処分を命じなければなりません。

法24条の2の手続きの背景は，登録事務はもともと国税庁が行っていたものを，日本税理士会連合会の自主性の確立に資するものとして国税庁から日本税理士会連合会に移譲されたものであり，登録拒否という処分の最終的な裁決権の行使は，行政庁の責任において行うことが適当と考えられています。

(4)　刑の執行が猶予されている場合の取扱い

税理士の資格を有する者から税理士登録申請書が提出された場合において，当該申請者が法4条（欠格条項）4号から6号（(1）参照）に規定する刑に処せられた者でその刑の執行を猶予されている場合（執行猶予中）は，日本税理士会連合会はそれぞれの規定に該当する欠格事由に該当する者として法22条（登録に関する決定）1項の規定によって登録を拒否するものとされています。

また，既に税理士の登録を受けている者が法4条4号から6号に規定する刑に処せられた者でその刑の執行を猶予されている場合は，日本税理士会連合会は法26条（登録の抹消）1項4号に該当するものとして当該税理士の登録を抹消することとなります（基通4-4（執行猶予中の者に対する税理士登録の取扱い))。

3

税理士の義務及び禁止規定

税理士には法において様々な義務が課されているとともに，禁止されている行為もあります。

その背景には「税理士は，税務に関する専門家として，独立した公正な立場において，申告納税制度の理念に沿って，納税義務者の信頼に応え，租税に関する法令に規定された納税義務の適正な実現を図るという公共的使命を負っている」ことにあり，税理士の負う公共的使命の重要性に鑑みて「税務代理」，「税務書類の作成」，「税務相談」を税理士の独占業務とする一方で，税理士となるためには一定の資格が必要とされています。

全部で65ある条文のうち，「～しなければならない」と規定された条文と禁止行為の条文は34条あります。

個々の義務規定について，違反即懲戒処分になるかどうかは別にしても，日常業務において，例えば税務代理の最たるものである税務調査の立ち合いの際に，法の規定では32条に「税務代理の際は税務官公署の職員に税理士証票を提示しなければならない」と規定されていますが，筆者が現役の国税職員であったときに税務調査の際に名刺だけで挨拶を済ませる税理士が多かった記憶があります。また，税務書類の作成においては，法33条において署名押印の義務が規定されていますが，ゴム印や会計ソフトによる印字の記名がかなり見受けられました。

その意味において，本章においては懲戒処分事由であるか否かにかかわらず税理士に課された義務と禁止規定の全体像を認識するために以下に該当する規定を列挙します。

法 18 条（登録）

税理士となる資格を有する者が，税理士となるには，税理士名簿に，財務省令で定めるところにより，氏名，生年月日，事務所の名称及び所在地その他の事項の登録を受けなければならない。

法 20 条（変更登録）

税理士は，第 18 条の規定により登録を受けた事項に変更を生じたときは，遅滞なく変更の登録を申請しなければならない。

法 21 条（登録の申請）1 項

第 18 条の規定による登録を受けようとする者は，同条に規定する事項その他の財務省令で定める事項を記載した登録申請書を，第 3 条第 1 項各号のいずれかに該当する者であることを証する書面を添付の上，財務省令で定める税理士会を経由して，日本税理士会連合会に提出しなければならない。

法 26 条（登録の抹消）2 項

税理士が前項第 1 号（業務の廃止），第 2 号（死亡），又は第 4 号（欠格条項）のいずれかに該当することとなったときは，その者，その法定代理人又はその相続人は，遅滞なくその旨を日本税理士会連合会に届け出なければならない。

法 28 条（税理士証票の返還）1 項

税理士の登録がまつ消されたときは，その者，その法定代理人又はその相続人は，遅滞なく税理士証票を日本税理士会連合会に返還しなければならない。税理士が第 43 条の規定に該当することとなった場合又は第 45 条（脱税相談等をした場合の懲戒）若しくは第 46 条（一般の懲戒）の規定による税理士業務の停止の処分を受けた場合においても，また同様とする。

法 30 条（税務代理の権限の明示）

税理士は，税務代理をする場合においては，財務省令で定めるところにより，その権限を有することを証する書面を税務官公署に提出しなければならない。

法 31 条（特別の委任を要する事項）

税理士は，税務代理をする場合において，次の行為をするときは，特別の委任を受けなければならない。

1号　不服申立ての取り下げ

2号　代理人の選任

法 32 条（税理士証票の提示）

税理士又は税理士法人が税務代理をする場合において，当該税務代理に係る税理士が税務官公署の職員と面接するときは，当該税理士は，税理士証票を提示しなければならない。

法 33 条（署名押印の義務）

1項　税理士又は税理士法人が税務代理をする場合において，租税に関する申告書等を作成して税務官公署に提出するときは，当該税務代理に係る税理士は，当該申告書等に署名押印しなければならない。―後 略―

2項　税理士又は税理士法人が税務書類の作成をしたときは，当該税務書類の作成に係る税理士は，当該税務書類に署名押印をしなければならない。

3項　税理士は前2項の規定により署名押印するときは，税理士である旨その他財務省令で定める事項を付記しなければならない。

署名押印の義務については，税理士の独占業務である税務代理や税務書類の作成の際には，税理士たる身分や責任の所在を明らかにするために設けられているもので，あくまでも自署押印であり，記名は含まれていません。

したがって，電子申告における電子署名以外の記名押印，例えば，会計ソフトで申告書を作成し，署名押印欄に自動的に税理士等の氏名，名称が印字されるものは署名押印の義務違反となります。

署名押印する際に，税理士法人の社員税理士は，当該税理士法人の名称，所属税理士は，勤務する税理士事務所の名称等を記載しなければなりません。また，税理士法基本通達33-1には「所属税理士である場合は，所属税理士である旨を表示するものとする」と規定されています。

法 33 条の 2（計算事項，審査事項等を記載した書面の添付）3 項

税理士又は税理士法人が前 2 項の書面を作成したときは，当該書面の作成に係る税理士は，当該書面に税理士である旨その他財務省令で定める事項を付記して署名押印しなければならない。

法 36 条（脱税相談等の禁止）

税理士は，不正に国税若しくは地方税の賦課又は徴収を免れ，又は不正に国税もしくは地方税の還付を受けることにつき，指示をし，相談に応じ，その他これらに類する行為をしてはならない。（詳細については 48 頁を参照）

法 37 条（信用失墜行為の禁止）

税理士は，税理士の信用又は品位を害するような行為をしてはならない。

法 37 条の 2（非税理士に対する名義貸しの禁止）

税理士は，第 52 条（税理士業務の制限）又は第 53 条（名称の使用制限）の第 1 項から第 3 項までの規定に違反する者に自己の名義を利用させてはならない。

法 38 条（秘密を守る義務）

税理士は，正当な理由がなくて，税理士業務に関して知り得た秘密を他に洩らし，又は窃用してはならない。税理士でなくなった後においても，また同様とする。

法 39 条（会則を守る義務）

税理士は，所属税理士会及び日本税理士会連合会の会則を守らなければならない。

法 39 条の 2（研修）

税理士は，所属税理士会及び日本税理士会連合会が行う研修を受け，その資質の向上を図るように努めなければならない。

法 40 条（事務所の設置）

1 項　税理士（税理士法人の社員（財務省令で定める者を含む。第 4 項において同じ。）を除く。次項及び第 3 項において同じ。）及び税理士法人は，税理士業務を行うための事務所を設けなければならない。

2 項　税理士が設けなければならない事務所は，税理士事務所と称する。

3 項　税理士は，税理士事務所を 2 以上設けてはならない。

4 項　税理士法人の社員は，税理士業務を行うための事務所を設けてはならない。

(1) 税理士資格とともに公認会計士の資格を有する場合の事務所の設置

税理士資格と公認会計士の資格を有する者が，税理士事務所の外に公認会計士としての事務所を持つ場合に，税理士法基本通達40–2（税理士である公認会計士の公認会計士事務所）に，その事務所が，外部に対する表示，広報その他の客観的事実によって，継続的に税理士業務を行い，又は行うための事務所であると認められるときは，法40条（事務所の設置）3項に抵触するものとして取り扱うこととすると規定され，懲戒処分の対象となります。

(2) 社員税理士が勤務する税理士法人の事務所以外に事務所を設置した場合

(1) と同様に，その事務所が，外部に対する表示，広報その他の客観的事実によって，継続的に税理士業務を行い，又は行うための事務所であると認められるときは，法40条（事務所の設置）4項に抵触するものとして取り扱われるとともに，法48条の14（社員の競業の禁止）1項に違反することにもなると考えられます。この場合には違反行為が2つとなり，懲戒処分の可能性もあります。

法40条のポイントは2点あると考えます。

1点目は，1項及び4項に「税理士業務を行うための事務所」と明記されていることです。

「税理士業務」は法2条1項1号から3号に規定されている税務代理，税務書類の作成，税務相談です。条文を文字どおり解釈すると，登録している事務所あるいは税理士法人の事務所以外の場所で同条2項に規定するいわゆる「付随業務」である会計帳簿の記帳代行や財務書類の作成だけを行っていた場合に，同条違反に問えるかどうかは議論の余地があると考えます。

ただし，税理士法人の定款に「付随業務」も含まれていれば議論の余地はないと考えられます。

2点目は，3項及び4項に明記されている「その他の客観的事実」にあります。

看板等の表示がなく広告，告知をしていなくても「客観的事実」を備えて実質的に税理士事務所として機能していれば，いわゆる「2か所事務所」として認定されると考えられます。

そこで，「客観的事実」はどういうことを示すかということですが，例として挙げると，事務机があり，コンピュータが設置されて，申告書まで作成できる会計ソフトがインストールされ，顧客データが保存されている事実があれば「税理士業務を行うための事務所」と認定される可能性は十分にあります。

法41条（帳簿作成の義務）

1項　税理士は，税理士業務に関して帳簿を作成し，委嘱者別に，かつ，1件ごとに，税務代理，税務書類の作成又は税務相談の内容及びそのてん末を記載しなければならない。

2項　前項の帳簿は，閉鎖後5年間保存しなければならい。

法41条の2（使用人等に対する監督義務）

税理士は，税理士業務を行うため使用人その他の従業者を使用するときは，税理士業務の適正な遂行に欠けるところのないよう当該使用人その他の従業者を監督しなければならない。

当該規定は昭和55年の法改正により創設されたものです。

使用人等に対する監督義務が法律で課されている士業は税理士だけであり，創設の背景について，国会質疑における政府委員の答弁を確認します。

政府委員の答弁に関する筆者の解釈は次のようになります。税理士法の規定では税理士業務は税理士しかできないことになっていますが，税理士事務所の実態として，多数の顧問先を抱えている中で，本来税理士自身が行わなければならない税理士業務を使用人に担わせざるを得ない状況にあるというのが監督当局の現状認識であるものの，そのような実態であるが故に使用人による非違事件が発生し，その中でも「にせ税理士行為」が一番多く発生しています。依頼者に不測の損害を与えないように税理士は使用人を十分に監督し，依頼者の税務処理を適法，適正に行うため，使用人が税に関連する非違事件を起こさないための担保として，他の士業の法に規定のない使用人等に対する監督を法律で義務付けているということではないかと考えます。

言い方を変えると，「税理士事務所の実態としては，税理士業務の遂行の観点からは資格のない使用人等に税理士業務を担わせることは税理士法の規定に則っていないが，使用人監督義務を果たすことを前提に『やむを得ない』こととしている」，ということだと理解しています。監督当局の立場としては，決してそのような趣旨のことは発言できないでしょうし，言葉を選ばない表現をすれば，よほど目に余る違反状況でなければ「黙認」するということではないかと考えられます。

第４章で詳しく解説しますが，そのような暗黙の承認のようなことがあるとすれば，「使用人等の不正行為」に関して，旧告示では「使用人等に対する監督義務違反」で済んでいた使用人等の不正行為が，新告示においては，当該違反行為のうちで，使用人等が不正行為を行った場合の量定が新たに規定されて，場合によっては使用者税理士等が実行行為者として懲戒処分を課されることになったこととも平仄が合うと考えられます。ある意味では，「使用人等に対する監督義務」の運用が法の趣旨に近づいたともいえるのではないでしょうか。

【昭和54年６月５日　衆議院・大蔵委員会政府委員答弁】

1．使用人監督義務規定を設ける趣旨

税理士の仕事は，独占権を与えられて特定の範囲において税務官署との折衝という一番シリアスなところを担当するわけです。本来は本人が，税理士が立ち会うべきものであるわけです。したがって，十分に内容をそしゃくして臨むことが大事ですが，実際問題になりますと，多くの使用人を抱え，実態についてはなかなか承知していないということが依頼者に対して不測の損害を与えるという場合もあるわけです。ですからここは，立法例からいくと，司法書士は５人しか補助者を置けないわけです。そういう形で，本人の目の届く範囲，補助者の限度があるわけです。弁護士は，先生もそうですが，本人が法廷に立つというはっきりした立場で自己責任をとっておられます。ここは税理士さんがそれだけ大事な仕事をやる以上は，使用人を使うにしても十分に監督していただきたいという代理関係からくる問題と，それからもう一つは税の特性から来る責任の問題から，使用監督の責任はほかの業法に見ない重要さを持っています。

これは検討過程において，先ほどの司法書士みたいな人数制限の議論もございました。しかし，これはまた勤務税理士を置くといたしますと法律関係が複雑になります。また，税理士法人というのも代理関係からいってなかなか説明しづらい。要は，税理士さんが内容をよくそしゃくしてもらって税務署の方に臨んで自分の責任でやってもらうということですから，その趣旨をあらわすためには管理監督ということを考えなければいかぬと思うのです。これは，前の改正法にも入っております。また，非違事件が相当出ておるということも考えあわせますと，これが設けられるに十分の理由があると考えます。

2. １か所事務所との関係

これは，事務所が１つという原則になりますが，関与件数という問題があろうかと思うのです。庁の方で補足いたすかもしれませんが，7，80件平均関与している実態で，おひとりの税理士さんがどこまで目を通せるかという実態論があります。そこで勤務税理士の話も出たのですが，これは依頼者から見ても十分に見てもらっているということでないと，不測の損害を受けることになるわけです。ですから，これは実態がそのような多くの件数を抱えており，しかも代理関係で税理士さんが自分の責任でやるという立場なんですね。ですからそういう意味では，ほかの場合と違った，特に税の場合についてはその税理士としては，十分な監督をしてほしいというのは，また依頼者からの要請であろうと思うのです。そこで，ほかの業法にない，税の観点から，しかもたくさんの関与件数を持っておるという実態を踏まえますと，十分な監督をしてほしい。しかし，これが懲戒の問題でどうなるかは，これはやはり常識的な判断であろうと思うのです。

倫理規定というのはなくてもいいということもあるかもしれませんが，やはりその趣旨があるということはそれだけ姿勢を正すわけです。ここでいろいろな非違事件が出ております。この非違事件の内容は庁の方で御説明してもいいのですが，にせ税理士が件数として一番多い。その次に，贈賄にかかわっておるとか脱税相談に使用人が応じたとか，その種のいままでの処分件数があるわけであります。それはやはり税の特殊性から来る非違事件でございまして，これは使用人として行っておるわけですから，監督者，すなわち本来自分がやるべき税理士が十分の責任を全うするということは当然であろうと思うのです。それが懲戒に至るかどうか，今度の規定が入って，人を使っておる立場でそれを監督していないということを問われるかどうかは，これは実際常識的な判断で，しかも懲戒審査会の議を経ますので，この辺はむしろ義務規定としてそういう中身も見ないで，不測の損害を与えないように，しかも使用人が非違を起こさないようにしてほしいというのは，これはわれわれの立場でもありますけれども，納税者からも謝金を払っている以上当然の要請であろうと思います。

3.「使用人その他の従業者」とは（箇条書きで記載します）

○　使用人は法律的な狭い意味合いで言いますと，雇用関係にあるいわゆる使用人ということで考えられるわけでありますが，この雇用関係以外に税理士の支配監督権が及ぼす場合があります。

○　「その他の従業者」と申しましたのは，税理士さんがいまして，そして，雇用関係があって，使っておられる方がある。しかし，自分の奥さんがいて，子供がいる。雇用関係はないけれども，税理士さんの支配監督の下で仕事をやっている，そこまで含める意味の規定でございます。

○　これはあくまでその税理士さんの使用しておるという雇用関係が基本になっていますから，その抜け道的な，雇用ではないけれどもという方がその事業に従事しておるという場合を想定していますので，その税理士さんとの関係では常時雇用関係にあるのが原則で，しかし雇用関係はないが，支配監督権として常時あるという社会的な，外から見れば使用人的にみられておるという場合を指しています。

法 41 条の 3（助言義務）

税理士は，税理士業務を行うに当たって，委嘱者が不正に国税若しくは地方税の賦課又は徴収を免れている事実，不正に国税若しくは地方税の還付を受けている事実又は国税若しくは地方税の課税標準等の計算の基礎となるべき事実の全部若しくは一部を隠ぺいし，若しくは仮装している事実があることを知ったときは，直ちにその是正をするよう助言しなければならない。

当該規定は，昭和 55 年の法改正により創設された規定です。

助言義務違反は懲戒処分の対象となることから，その要件や事実認定は厳格に判断されなければならないとされています。

助言義務違反の構成要件は，委嘱者に①不正に国税若しくは地方税の賦課又は徴収を免れている事実，②不正に国税若しくは地方税の還付を受けている事実，③国税若しくは地方税の課税標準等の基礎となるべき事実の全部又は一部を隠ぺいし，若しくは仮装している事実があることを知ったときにその事実を是正する助言を怠り，事後的に税理士が委嘱者の当該不正の事実を知っていたことが立証された場合に違反行為として認定されるものとされています。

「事実」とは，例えば，架空取引の記録，二重帳簿の作成など取引の隠ぺい，仮装行為が存在し，そのことを税理士が知っていたという場合に限り，「不正に」とは委嘱者に故意があるときとされています。

この場合に，委嘱者に「故意」があったことを税理士が認識していたことを監督当局（税理士専門官）がどのように立証するかということはとても重要な問題であり，筆者の経験から推測すると，税理士が，委嘱者に「故意」があったことを承知していたことを立証する客観的，具体的な証拠が揃っていることは稀であり，多くの場合は「質問応答記録書」によって断片的な証拠や状況証拠に対する税理士の認識を積み上げげて，「税理士は委嘱者に故意があったことを知っていながら不正計算を正す助言を怠った」という趣旨の「税理士の回答」を書面にして助言義務違反の証拠とすると考えられます。

したがって，税理士専門官の質問に対する答弁，あるいは誘導的な質問に対する対処については細心の注意を払い答弁等をすべきです。

質問応答記録書への対処については，第3章第4節を参照してください。

(3)　助言に従わなかった場合

「助言義務」の規定は，不正が正されるところまでは求められておらず，委嘱者が助言に従わなかったとしても義務違反行為に問われることはありませんが，そのまま税理士業務を継続し，例えば，税務申告書を作成提出し，税務調査等によって当該不正行為が判明した場合は，法45条（脱税相談等の禁止）違反に問われる可能性があることから，助言に従わなかった場合には委嘱契約を解除すべきと考えます。

助言義務については，他の懲戒処分の要件との関係を確認する必要があるので，以下に国会質疑における政府委員の答弁を確認します。

この背景については，「4．脱税相談との差異」の政府委員の答弁にその趣旨が述べられています。

当該答弁を概説すると，助言義務違反は脱税相談と同一視はできないが，委嘱者が不正行為を行っている事実を知っていながら，不正を正す指導をしないまま申告書を作成した場合は脱税相談の問題が生じるということです。

【昭和 54 年 6 月 1 日　衆議院・大蔵委員会政府委員答弁】

1．助言義務の趣旨①

○　第 1 条の趣旨から申しましたように当然の規定であります。したがって，当然の規定でありますから書かなくてもいいということもございますが，（中略）これは一つの社会的責任の明確化という意味で大事な規定であろうと思うのです。

○　この違反は，脱税相談の規定は適用されませんが，一般の法令違反の一般懲戒の対象にはなります。現在の規定でも信用失墜の禁止というのが 37 条にあります。

○　故意に真正の事実に反して書類を作成したときとか，この種の規定とのバランス，すなわち，脱税相談というような積極的な脱税指導というものに至らないで，しかも明確に脱税の事実を知っておる，又は脱税に至る事実を知っておるというときにアドバイスする，助言というよりも注意するというのは税理士の責務であろうと思います。

○　これの義務違反を脱税相談と同じに扱うことには問題があると思います。これは作為的に指導しているものと不作為的なものとの差，したがって，一般的な法令違反というものとして扱う。しかし，その場合の扱い方はおのずから常識のある判断が行われようと思います。

【昭和 54 年 12 月 10 日　衆議院・大蔵委員会政府委員答弁】

3. 懲戒規定の運用について

○　これは「直ちにその是正をするよう助言しなければならない。」内容は倫理を盛っておるという意味では倫理規定である。

○　正確に申しまして，法令違反の問題がございます。これ自体は，脱税相談もしくは故意に不真正の税務書類を出すという意味の 45 条的な積極的な行為に際しての懲戒処分というものは適用しておりません。それは外してございます。したがって，懲戒処分としては，ほかの法令一般の場合，すなわち 46 条が適用されるという意味では，単なる倫理規定ではない。

【昭和 54 年 12 月 10 日　衆議院・大蔵委員会政府委員答弁】

4. 脱税相談との差異

脱税相談との差は，これは積極的行為とそうでない行為との差であり，それに応じて処分の差もあるわけです。具体的事例は，税務の接触を納税者と代理人がやっておる際に生じますけれども，普通これはここに書いていますことの沿革から申しますと，脱税し，もしくは脱税しようとするというのが最初にございましたが，構成要件を非常に明確に書いておる。主観的な事でなく客観的に相当の悪質な事例が分かるような構成要件になっております。これはちょっと申し上げたいと思うのですが，そういう場合に，これは罰則，懲役もしくは罰金が適当であるという意見も関係者にはございました。しかし，それは行き過ぎであります。

というのは，積極的脱税相談とそうでないものとの差であろうと思います。しかし，そこで判断の要素が余り入ってはいけませんので，構成要件を明確にして，その相談をすると申しますか折衝の過程において，明らかに二重帳簿がある，もしくは仮装預金をしておるというものがたまたま目についたとき，こっちが探す必要はありません。そのときにアドバイスをする，それは直すべきであると言うのは第１条からくる当然のことだろうと思います。これを言っておるわけであります。しかし，これで相手が直せば　—当然私は善良な納税者であれば直すと思います。90 %以上，全部が直すというのがわれわれの期待でありますが，それを期待した規定であります。しかし直さない。直さないというのは情を知っているわけであります。そうしますと，その後引き続き業務をやりますと，情を知ってやっておりますから，指導する話に移っていきます。またそうでないとしても，不真正な申告書を書くことになりますので，後の 45 条規定に移るという意味で，途中の段階における予防的な規定であるというふうに解するのが常識的であろうと思います。

※法 45 条（脱税相談等をした場合の懲戒）

第 2 章

懲戒処分等の内容と処分による影響

本章においては，「税理士の責任」として規定されている法 44 条（懲戒の種類）から法 48 条（懲戒処分の公告）について，それぞれの条文について実務的な観点から説明を加え，懲戒処分に付された場合の留意事項を解説します。

1

懲戒処分等の内容

税制は国の運営の根幹をなす制度の１つであり，適正な申告納税制度の一翼を担う税理士が遂行する税理士業務は，納税者のみならず税務行政に対しても重大な影響を与えることとされています。

そのため，税理士が税理士業務を遂行するに当たっては秩序の保持が強く求められており，これを担保するために行政庁に監督権限が与えられ，監督権限行使の結果としての行政処分である懲戒の制度が設けられています。

(1)　懲戒の種類

法 44 条（懲戒の種類）

１項　戒告

２項　２年以内の税理士業務の停止

３項　税理士業務の禁止

①　戒告

戒告は，義務違反に対し，違反した事実に関して本人の将来を戒める旨の申し渡しをするもので，戒告処分によって①税理士資格に制約は受けない，②税理士業務は継続できることになっています。

戒告処分によって税理士業務あるいは税理士資格についての具体的影響は生じないので，引き続き税理士業務を行うことはできますが，税理士にとって信用の保持は最も重要視されるので，戒告処分を受けること自体が自らの信用を失墜させることになります。

この点に行政処分たる戒告処分の効果が求められており，この効果を通じて税理士全体の信用と品位の保持に資するという懲戒処分の初期の目的が達成されることになります。

戒告処分の趣旨は前述のとおりですが，実務的な観点からみた場合に，筆者の経験や本書を執筆するに当たり過去の事例を調べたところ「戒告」の懲戒処分を受けた税理士は確認できませんでした。

確認できる範囲で過去の処分事例において戒告処分がないという背景には，懲戒処分の実効性の観点から，戒告処分は税理士に対しての処分の実効性が弱いからだと推測されます。

②　2年以内の税理士業務の停止

「2年以内の税理士業務の停止」とは，2年（24か月）以内という期間の範囲内で，1月単位で一定期間税理士業務を行うことを停止するという処分です。停止期間をどの程度のものにするかは懲戒処分権者の裁量に委ねられています。

業務停止処分の効果については，①税理士登録は抹消されない，②処分期間中，税理士業務は行えないことから顧問先との税理士業務に関する契約は解除しなければならない，③法28条1項の規定により，処分期間中は税理士証票を日本税理士会連合会に返還しなければならないなどが主な項目であり，その他，所属税理士会の会則の規定に従って会員権に関する内部的処分を受けることが通例となっています。

また，監督当局より，処分期間中は被処分者の名称を用いた税理士事務所の看板を掲げてはならない，自ら「税理士」と名乗ってはならない，「税理士」の肩書の入った名刺を使用してはならない等の指導がなされます。

税理士業務の停止期間は，平成26年の法改正において従来の「1年以内」から「2年以内」へとより厳しい処分に改められました。その理由は，税理士業務の禁止処分を受けた場合が「処分を受けた日から3年を経過しない」期間となっていることから，業務停止処分の最長期間が1年であることとの比較において平仄を合わせるためです。

なお，弁護士，公認会計士，司法書士，弁理士など他の士業においても，業務停止についての規定はいずれも「2年以内」となっており，この改正により税理士も他の士業と同等になりました。

③　税理士業務の禁止

懲戒処分の中で最も重い処分であり，禁止処分の効果は，①処分を受けた日から3年を経過する日まで，税理士となる資格を有しない（法4条（欠格条項）7号），②税理士登録の抹消（法26条（登録のまつ消）1項4号）となります。

俗にいわれている「税理士資格の剥奪」であり，3年間税理士の資格（身分）を失い，税理士業務が行えなくなります。

禁止処分が満了し税理士業務を再開する場合は，改めて税理士登録の申請をしなければなりません。

(2)　禁止処分が満了した後に再登録の申請をした際は必ず登録できるか

筆者が相談を受けた事例からの私見ですが，無条件に再登録の申請が認められるとは限らない傾向があります。

再登録の申請は，登録申請と同様に当該地域の税理士会を通じて日本税理士会連合会で登録の可否が判断されます。抽象的な表現になりますが，処分期間中の反省の有り様が問われることになります。例を挙げると，処分期間中にどのような仕事をして収入はどの程度あったかといったようなことが問題になる場合もあります。

筆者が相談を受けた中では，禁止処分を受けた後に税理士法人の関連会社で社員として勤務して，そこで一般社員よりも高額な報酬を得ていたことが再登録の障害になった事例がありました。

(3)　懲戒処分事由

懲戒処分は税理士に対する不利益処分であることから，懲戒の構成要件は法律によって明確化されていなければなりません。したがって，法45条及び46条において，税理士に対する懲戒について，財務大臣の懲戒処分の権限と，懲戒の構成要件を定めています。

懲戒処分に至る具体的な理由は次の3点です。

①　故意による特定の義務違反

②　過失による特定の義務違反

③　その他の義務違反行為

①　故意による特定の義務違反

「故意による特定の義務違反」とは，委嘱者から提示を受けた帳簿書類に対して，故意に不真正な税務代理を行う又は税務書類の作成を行うことをいいます。

適用される条文は，法45条（脱税相談をした場合の懲戒）1項であり，「財務大臣は，税理士が，故意に，真正の事実に反して税務代理若しくは税務書類の作成をしたとき，又は第36条の規定に違反したときは，2年以内の税理士業務の停止又は税理士業務の禁止の処分をすることができる」とされています。

「故意」については，税理士法基本通達45−1において，「故意とは，事実に反し又は反するおそれがあると認識して行うことをいう」と定義されています。

法36条（脱税相談等の禁止）

税理士は，不正に国税若しくは地方税の賦課若しくは徴収を免れ，又は不正に国税若しくは地方税の還付を受けることにつき，指示をし，相談に応じ，その他これらに類似する行為を行ってはならない。

租税に関する法令に規定された納税義務の適正な実現を図ることを使命とする税理士として，不正に国税や地方税の賦課徴収を免れることにつき，指示をし，相談に応じ，その他これらに類似する行為を行ってはならないことは当然のことであり，また，税理士業務は税理士が有償，無償にかかわらず独占業務として行える制度となっているという背景の下に，税理士が脱税相談等を行うことを禁止するとともに，違反者に対しては行政上の処分である懲戒処分の外に刑事罰を科することとしています（113頁参照）。

以下，本条の規定の用語について解説します。

「国税及び地方税」とは，税理士業務の対象税目以外の全ての国税又は地方税のこと，「指示をし」とは，適正な納税義務の実現を回避させ，又は税の逋脱を図るための具体的な方法を教示すること，「相談に応じ」とは，税の逋脱の具体的方法等について相談相手となり，肯定的な回答をすること，「類似する行為」とは，特定の納税義務者に税の逋脱の意思を起こさせる目的で，具体的な見解を表明する等により脱税を示唆する等の行為のことをいいます。

税理士が特に留意して認識しておかなければならないことは，「脱税相談等の禁止」の規定では，不正に税の賦課徴収を免れること，又は不正に税の還付を受けることにつき，指示をし，相談に応じ，その他これらに類似する行為などの税理士の行為が問題となることであり，納税義務者本人の税の逋脱行為等が直接問題とされているわけではありません。

つまり，「脱税相談等の禁止」の規定に違反したかどうかは，税理士の脱税相談等の行為によって納税義務者本人が税の逋脱行為を行ったか，不正還付を受けたかどうかは関係なく，税理士に「脱税相談等」の行為があったかどうかによるということです。

なお，法36条の規定は税理士法人にも準用されています。当該規定は，法45条（脱税相談等をした場合の懲戒）に関連し，故意又は過失によって真正の事実に反した税務書類の作成を行った場合は2年以内の税理士業務の停止又は税理士業務の禁止になります。

相談で多いケースが，決算したところ経営者が想定した以上の利益が出てしまい，税負担を何とかしてほしいとの相談あるいは依頼を受け，売上又は経費の計上時期を翌期にずらして申告し，税務調査で期間損益計算の誤りを指摘され修正申告を行った結果，期間損益の誤りの理由によって，例えば，取引の日付を改ざんしたり取引先との決算期のずれを利用して意図的に計上時期をずらしたりなど，いわゆる「仮装」行為によって故意の不真正税務書類の作成に問われたり，「期間損益だから」という安易な気持ちで計上時期をずらして過失責任を問われたりするものです。決して「架空取引でないから大丈夫」ということはないので注意が必要です。

②　過失による特定の義務違反

「過失による特定の義務違反」とは，委嘱者から提示を受けた帳簿書類に対して，税理士が税務の専門家として相当の注意を払って税務代理若しくは税務書類の作成を行うべきところ，真正の事実に反して税務代理若しくは税務書類の作成をする，脱税相談等の禁止規定に違反するようなことは許されず，たとえそれが故意でなく，過失により行われたとしても，その責任は免れないという考え方です。

ただし，その責任は故意がある場合よりは軽いと認められ，業務禁止の処分までは受けることはありません。

適用される条文は，法 45 条（脱税相談をした場合の懲戒）2 項であり，「財務大臣は，税理士が，相当の注意を怠り，前項に規定する行為をしたときは戒告又は 2 年以内の税理士業務の停止の処分をすることができる」とされています。

「相当の注意」とは，税理士法基本通達 45−2 において，「税理士が職業専門家としての知識経験に基づき通常その結果の発生を予見し得るにもかかわらず，予見し得なかったことをいうものとする」と定義されています。

③　その他の義務違反行為

「その他の義務違反行為」は，法 46 条（一般の懲戒）に規定されており，内容は，①法 33 条の 2（計算事項，審査事項等を記載した書面の添付）1 項若しくは 2 項の規定により貼付する書面に虚偽の記載をしたとき，②税理士法若しくは国税若しくは地方税に関する法令の規定に違反したときに法44条（懲戒の種類）に規定する懲戒処分をすることができるとなっています。

〈一般の懲戒に該当する行為〉

① 法 33 条の 2 第 1 項又は 2 項（審査事項等を記載した書面の添付）

② 法 37 条（信用失墜行為の禁止）

（イ） 自己脱税（自己が代表者である法人又は実質的に支配していると認められる法人を含む）

（ロ） 多額かつ反職業倫理的な自己申告漏れ

（ハ） 調査妨害

（ニ） 業務を停止されている税理士への名義貸し

（ホ） 業務け怠

（ヘ） 税理士会費の滞納

（ト） その他反職業倫理的行為（税理士としての職業倫理に反するような行為）

③ 法 37 条の 2（非税理士に対する名義貸し）

④ 法 42 条（業務の制限）

⑤ 税理士業務の停止の処分を受け，その処分に違反して税理士業務を行ったとき

⑥ 上記以外の場合で法又は国税若しくは地方税に関する法令の規定に違反したとき

2

懲戒処分による影響等

財務大臣は，懲戒処分をしたときは，法48条に基づきその事実を官報に公告しなければならないと規定されています。官報公告後に国税庁のホームページにも被処分者の氏名等が公開されます。

これは，社会一般に懲戒処分があったことを周知することにより，納税者が不測の損害を被ることを防止しようとする趣旨だと考えられています。

ホームページに公開される内容について，①税理士の氏名，②生年月日又は設立年月日，③税理士登録番号，④事務所登録地，⑤税理士の住所，⑥処分内容（違反条項，処分期間），⑦官報掲載年月日であったものが，平成30年（2018年）1月公告分からは，②と⑤がなくなりました。

ここでの重要な変更点は，⑥に別途，違反行為の概要（被処分者以外の当事者が特定できない形ではあります）について具体的な事実関係が分かるようにPDFファイルが添付されるようになったことです。

従前は，例えば「故意による不真正税務書類の作成で禁止処分を受けた」程度のことしか分からなかったことが，どのような方法で不正行為を行ったかが分かるようになりました。

紙ベースによる情報収集が主流であった時代と比較すると，現在は，インターネットによる情報収集が一般的かつ容易になったことによって，情報の質的な問題は別としても，より多くの人が多種多様な情報を収集することが可能になりました。

その観点から考えると，処分の軽重にかかわらず懲戒処分を受けたことがインターネットで社会に公開されるということは，昨今のコンプライアンス重視の問題とも関連して，従来の顧問契約あるいは新規の契約に関して大きな障害となる可能性があります。

現実の問題として「このような（税理士法違反）問題を起こす税理士と契約をすることは如何なものだろうか」という意見のもとに既存の顧問契約を解除されたり新規契約を見送られたりした事態も発生しています。

(1) 業務停止あるいは禁止の処分を受けたときの措置

監督当局は，調査を行い処分の可否を判断して処分を下すまでが仕事であり，その後のことは全て被処分者の責任となります。

税理士会の会則でも処分を受けた後の業務形態の在り方は規定しておらず，処分後の身の振り方を税理士会に相談しても対処する部署もノウハウもないので，どのような形で処分後の生活の糧を得るかは全て自己の責任で整えなければならないことになります。

懲戒処分後も税理士業務に関連する仕事を続けるとすれば，具体的な業務形態として考えられることは，①開業税理士の場合は，第三者の税理士事務所に顧問先ごと預かってもらい，処分期間中は当該税理士の使用人として給料を得る，②自らは記帳代行業者となり税理士業務は第三者の税理士に依頼するなどがあります。

(2) 業務停止あるいは禁止期間中に第三者に税理士業務を委任する場合のリスク

どのような業務形態で業務を継続するかによってリスクの程度は異なりますが，共通するリスクは，被処分者には，いわゆる「にせ税理士」，委任を受けた税理士には「名義貸し」のリスクが伴うことです。

このリスクについては，第８章第４節を参照してください。

税理士法以外の問題点としては，最も現実的かつ切実な問題は金銭にまつわること，つまり報酬をどうするかという問題と処分期間満了後の顧問先の帰属の問題があります。

実態として多い問題は，金銭面については，高額な報酬で委任せざるを得なくなるケースや，「顧問先を取った，取られた」というトラブルが発生するケースがあります。この種のトラブルは処分期間が長期化するほど発生する確率は高くなります。

処分期間満了後の顧問先の帰属については，例えば，税理士業務を委任する税理士と被処分者の間で処分期間満了後は全ての顧問先を元に戻す，あるいは，顧問先に対して「営業活動はしない」旨の約定を交わしたとしても，契約は双方の合意の上で成立するので顧問先が被処分者との契約解除の意思を示した場合には解約せざるを得ないことになります。筆者が受けた相談の中にも報酬の多寡や顧問先の帰属の問題でトラブルとなった事例があります。

したがって，処分期間中の税理士業務の委任先の選択は最重要ポイントとなります。

また，業務停止あるいは禁止処分の可能性がある場合には，正式に処分通知を受ける前に時間をかけて処分期間中の措置を講じる必要があります。

(3) 業務停止あるいは禁止期間中に注意すべき点

業務停止と業務禁止では注意すべき事項の重みが若干異なります。

その理由は，これまで述べてきたとおり，業務停止の場合は税理士資格は残っていますが，業務禁止の場合は法4条（欠格条項）1項7号に該当し，法26条（登録の抹消）1項4号の規定により税理士登録を抹消されますので税理士ではなくなり，処分満了後は日税連に対して税理士の再登録の申請をする必要があり，申請の際にどのような仕事をしていたか，収入はどのようになっていたか等を所属税理士会の担当部署で聴取された上で申請手続きに入るからです。

まず，共通する注意点は，当然のことですが監督当局（税理士専門官）からの注意事項を遵守することです。具体的には，最も多い事例からいえる注意すべきことは，処分期間中に税務書類の作成を行わないということです。特に，給与計算の延長で納付書の作成や年末調整を行い，更に源泉徴収票等の法定調書の作成まで行う事例が多々あります。「この程度なら大丈夫だろう」という気持ちが非常に危険です。

業務停止期間中に更なる違反行為を行えば業務禁止に至ることとなりますので十分な注意が必要です。

次に，金銭面の問題として，生活の糧を税理士業関連以外の仕事から得る場合は問題ありませんが，税理士業関連，例えば，開業税理士であれば（1）①の形態で使用人として給与所得者となった場合で，当該事務所の使用人の平均値よりも高額な給与を支給される場合に，高額な給与に合理的な説明ができない場合は使用者税理士は，実質的には「名義貸し」になっているという疑念を持たれ，その裏返しで被処分者が実質的には「にせ税理士」ではないかという疑念を持たれます。

別の事例では，税理士法人で，社員税理士が禁止処分を受けて税理士法人の職員として勤務を続ける，あるいは関連会社に移籍して働くというケースがありますが，その際に，一般職員よりも高額な給与を得たことが再登録の申請の際に問題となったケースもあります。

（1）②の形態では，税理士と記帳代行業は業務委託の関係になりますが，委嘱者との契約形態や報酬の授受の方法，税理士と記帳代行業との報酬のバランスなどを総合的に勘案して「名義貸し」あるいは「にせ税理士」の疑念を持たれないようにすべきです。

具体的な形態等を示す前置きとして，55条調査においても税務調査と同様に事実認定は客観的な事実や事実関係及び事実を裏付ける証拠と実態的な有り様を総合的に判断して行われます。

その前提で考察すると，客観的な事実としての顧問契約書の有無や報酬の金額や授受の在り方に関して望ましい形態は日税連あるいは各単位会からも指針として示されていますが，一方では，実態的な側面として被処分者と顧問先との関係性などで従来のやり方を無視した方式はとりづらいことがある場合や，業務停止は1か月単位での処分期間となるために，業務停止期間が短い場合（例えば，数か月など）には望ましい形態を作ることが難しいこともあります。

報酬に関して，報酬の額と報酬の授受の方法について説明します。

まず，報酬額に関して，処分期間中は記帳代行業として業務を行うことから，基本的な在り方としては，いわゆる「相場観」に従って報酬額を算定することが基本だと考えます。具体的には，インターネットで記帳代行を業としているサイトを検索していくつかの業者を選んで，その平均値を算出して報酬額の目安とすれば税理士法上で大きな問題（にせ税理士，名義貸し等）となる可能性は低くなると考えます。

記帳代行業として業務を行う場合は，報酬額は税理士と業務委託関係となることから税理士との協議になります。税理士業務と記帳代行を切り離して，事業者（顧問先）と直接契約の形態をとる場合は事業者（顧問先）との協議となります。しかしながら，一般的な業務委託関係ではないので，不利な条件（低額）で記帳代行業務を行わざるを得ない事例が多いのが実態です。

次に，報酬の授受の在り方は2通りの方法があり，税理士との業務委託関係になれば一旦は記帳代行部分の報酬も税理士を経由して支払いを受けることとなり，事業者（顧問先）と直接契約する場合は，事業者（顧問先）から直接支払いを受けることとなります。

筆者の私見としては，望ましい方法はあるものの，税理士業務を委任する税理士，顧問先，被処分者の関係性は様々である，つまり，契約書ひとつをとっても税理士事務所によっては契約書を交わしていない事務所，契約書を交わしている顧問先，交わしていない顧問先が混在している事務所があったり，報酬に関しても集金する顧問先，振込の顧問先，支払方法も小切手だったりするなど一様ではないので，望ましい形で一律的に形式を整えることは現実の問題として難しいこともあります。重要なことは，実態的に名義貸しとならない業務遂行を行うことだと考えます。

第3章

税理士業務の監督事務

本章においては，税理士業務に対する監督権限を規定した法55条（監督上の措置）及び監督事務に関する監督当局の監督事務への取組みの変遷や懲戒処分の事務の流れ，監督事務への基本的な対処方法等を解説します。

本章以降は，法55条（監督上の措置）に基づく「措置」と国税通則法に定める税務調査との対比で解説する場合があるので，法55条に基づく「措置」を「55条調査」と表記します。

納税の義務は日本国憲法に定められた国民の三大義務の１つであり，法１条に，税理士及び税理士法人は職業上の使命として，その納税義務の適正な実現を図ることが規定されています。

税理士及び税理士法人が担う税理士業務は極めて公共的性格が強く，税理士業務が適正に遂行されるべきことはいうまでもないことであり，適正な税理士業務の遂行を確保するために国税庁長官に税理士等に対する監督権限が認められています。

〈国会質疑抄〉

平成13年5月23日　参議院・財政金融委員会政府委員答弁

政府委員答弁

税理士法第１条についてのお話がございました。

その前に，ちょっと歴史を簡単に申し上げさせていただきますと，税理士制度でございますが，税務行政の適正かつ円滑な運営のためには，当時は税務代理士といっておりましたが，税務代理士業務が大変重要な役割を果たすという考え方から，シャウプ勧告におきましても，税務に関する専門家に関する制度の発展の必要性が提言されたということがございます。それを背景に，昭和26年に税理士法が制定されたわけでございます。

さて，その税理士法の第１条でございますが，税理士は独立した公正な立場にある，こういうふうにされております。これは委嘱者でございます納税者の援助に当たりましては，納税義務者あるいは税務当局のいずれにも偏しない独立した公正な立場で，税務に関する専門家としての良識に基づき行動しなければならないことを法律上明らかにしてございます。

少しわかりにくいというお話がございましたが，納税者のサイドから，法を曲げても税金が安い方がいいというような依頼があっても，税理士の立場からすれば，まさに税法に定める納税義務の適正な実現に資するように，逆にたしなめるということも出てくるのだろうと思います。そういう意味で，独立した公正な立場，また当局との関係でも同じようなことになるのかなと思います。

このように，納税義務者あるいは税務当局のいずれにも偏しない独立した公正な立場で，税務に関する専門家としての良識に基づき行動しなければならないということを法律上明らかにしている。

したがいまして，この税理士制度でございますが，法令で定められた納税義務の適正な実現に資するということを使命として定めているわけでございまして，その観点から職業上の特権でございますから，税理士の地位といいますのは，単なる私的な代理人ではなく，より高度な，公共的なものとして第１条で位置づけられているというふうに考えております。

法 1 条は従前，「税理士の職責」と規定されており，条文は，「税理士は，中正な立場において，納税義務者の信頼に応え，租税に関する法令に規定された納税義務を適正に実現し，納税に関する道義を高めるように努力しなければならない」とされていました。

これを，昭和 55 年の法改正によって「職責」を「使命」に改正し，単なる職業上の責任という規定から，「申告納税制度の理念にそって，租税に関する法令に規定された納税義務の適正な実現を図る」という社会に対して公共的な役割を担うことが明確にされました。

〈「監督」とは〉

○　人や物事を取り締まったり，指図すること

○　法律で，人又は機関の行為が，その守るべき義務に違反していないか，その目的達成のために適当か否かを監視し，必要なときには指示・命令などを出すこと

〈「措置」とは〉

法令上用いられる場合には，ある問題に対する対策，施策等その問題を処理するためにとられる諸々の手段をまとめていう場合が多い。

「処置」が個々の事項の始末について用いられるのに対し，「措置」はこれを総体として表示し，又はその結末よりも手続きの面に着眼して用いられることが多い。

（有斐閣　法律用語辞典　第４版）

1

監督事務の法的根拠

(1) 監督事務の根拠規定

税理士に対する監督権限がそもそもどこにあるか，というところから説明すると，財務省設置法（以下「設置法」と表記します）2条（設置）において，国家行政組織法（以下「組織法」と表記します）3条2項の規定に基づき財務省が設置され，財務省の長が財務大臣であることが規定されています。

続いて，設置法3条（任務）1項において，財務省の任務は，①健全な財政の確保，②適正かつ公平な課税の実現，③税関業務の適正な運営，④国庫の適正な管理，⑤通貨に関する信頼の維持及び外国為替の安定の確保にあることが規定されており，設置法4条（所掌事務）1項18号に「税理士に関すること」が規定されています。つまり，税理士に関することは，そもそも財務省の任務であり所掌する事務であることが分かります。

税理士に関することが財務省から国税庁に移管される根拠は，設置法18条1項に，組織法3条2項の規定に基づいて，財務省に国税庁を置くことが規定され，同条2項に国税庁の長を国税庁長官とすることが規定されていることにあります。

次に，設置法19条（任務）に，国税庁の任務は，①内国税の適正かつ公平な賦課及び徴収の実現，②酒類業の健全な発達，③税理士制度の適正な運営の確保にあることが規定され，設置法20条（所掌事務）1項において，国税庁が所掌する3つの任務のうちに「税理士制度の運営に関すること」が規定されています。

また，国税庁から国税局及び沖縄国税事務所に税理士制度の運営を移管する根拠規定が，設置法23条（国税局等）1項から3項の各項に規定されています。

そして，国税庁長官による監督権限が法55条（監督上の措置）に規定されており，更に，法57条（事務の委任）によって，国税局長又は税務署長に取り扱わせることができると規定されています。

実務においては，税理士及び税理士法人の登録事務所を管轄する税務署長に監督権限が委任されており，実際の調査は国税局及び沖縄国税事務所の税理士専門官及び税務署の総務課長補佐が行っています。

法55条（監督上の措置）

1項　国税庁長官は，税理士業務の適正な運営を確保するため必要があるときは，税理士又は税理士法人から報告を徴し，又は当該職員をして税理士又は税理士法人に質問し，若しくはその業務に関する帳簿書類を検査することができる。

2項　前項の規定による報告の徴取，質問又は検査の権限は，犯罪捜査のために認められたものと解してはならない。

法57条（事務の委任）

1項　国税庁長官は，第55条第1項の規定によりその権限に属せしめられた事務を国税局長又は税務署長に取り扱わせることができる。

2項　国税庁長官は，前項の規定により事務を国税局長又は税務署長に取り扱わせることとしたときは，その旨を告示しなければならない。

昭和26年9月15日　国税庁告示7号

最終改正　平14国税庁告示1号

国税庁長官の権限に属する左の事務は，税理士法（昭和26年法律第237号）第57条第1項の規定に基づき，左の区分に従い，国税局長（沖縄国税事務所長を含む。以下同じ。）及び税務署長に取り扱わせるものとする。

1　国税局長

イ　税理士又は税理士法人から報告を徴する事務

ロ　当該職員をして税理士又は税理士法人に質問し，若しくはその業務に関する帳簿書類を検査させる事務

2　税務署長

イ　税理士又は税理士法人から報告を徴する事務

ロ　当該職員をして税理士又は税理士法人に質問し，若しくはその業務に関する帳簿書類を検査させる事務

(2)　55条調査を拒否できるか

結論としては，厳しく考えると事実上拒否できない，表現を変えると，拒否しない方が，結果的に最善の解決策にはならなくとも，次善の解決策になる可能性があるということになります。

55条調査を拒否した場合に想定される最悪の事態は，罰則規定（法62条1項），及び，法4条（欠格条項）1項5号，法26条（登録の抹消）1項4号の規定により，税理士登録の抹消を受けることです。

法62条1項

次の各号のいずれかに該当する者は，30万円以下の罰金に処する。

1号　—省略—

2号　第49条の19第1項又は第55条の規定による報告，質問又は検査について，報告せず，若しくは虚偽の報告をし，質問に答弁せず，若しくは虚偽の答弁をし，又は検査を拒み，妨げ，若しくは忌避をした者

法4条（欠格条項）1項

次の各号のいずれかに該当する者は，前条の規定にかかわらず，税理士となる資格を有しない。

5号　国税若しくは地方税に関する法令若しくはこの法律の規定により罰金の刑に処せられた者（中略）で，それぞれの刑の執行を終わり，若しくは執行を受けることがなくなった日（中略）から３年を経過しないもの

法26条（登録の抹消）１項

日本税理士会連合会は，税理士が次の各号のいずれかに該当することとなったときは，遅滞なくその登録を抹消しなければならない。

４号　前号の規定によるもののほか，第４条第２号から第10号までのいずれかに該当するに至ったことその他の事由により税理士足る資格を有しないこととなったとき。

税務調査における罰則規定と比較した場合に，国税通則法（以下，「通則法」と表記します）に規定する質問検査権の行使の際に，納税者が不答弁等の調査拒否をした場合の罰則は通則法128条に規定されており，罰則は「1年以下の懲役又は50万円以下罰金」となっています。

税務調査における罰則で懲役刑が課される可能性があることに対して，55条調査において当該権限行使を拒否した場合の罰則が「30万円以下の罰金」だけで済むとなると，税理士の違法行為を是正することは実質的に不可能となることから，法4条の欠格条項を適用されて税理士資格を抹消されることにより税理士業務の禁止処分と同等の罰則が適用されることになります。

登録抹消された場合の最大のリスクは，第2章で解説しましたが，処分期間が満了すれば再登録することで税理士資格は復活しますが，再登録の申請が必ずしも認められるとは限らないということです。登録抹消の事由によっては再登録を拒否される可能性があります。

以上の理由から，法律的には55条調査を拒否することは可能でも，現実の問題としては協力せざるを得ないと考えられます。

2

国税庁の実績評価制度にみる監督当局の姿勢の変遷

実績評価制度とは，中央省庁等改革基本法16条6項2号により，府省の長が実施庁の長に権限が委任された事務の実施基準その他当該事務の実施に必要な準則を定めて公表することです。

国税庁においても，平成13年1月6日に，財務大臣より「国税庁の事務の実施基準及び準則に関する訓令」が制定されました。訓令に規定されている国税庁の事務の実施基準は，3条に「国税庁は，その所掌する事務の実施に当たり，納税者の自発的な納税義務の履行を適正かつ円滑に実現するため，納税環境を整備し，適正かつ公平な税務行政を推進することにより，内国税の適正かつ公平な賦課及び徴収の実現を図るとともに，酒類業の健全な発達及び税理士業務の適正な運営の確保を図ることを基準とする」と規定されています。

訓令の制定とともに，平成13年度より財務大臣が国税庁が達成すべき目標を設定し，その目標に対する実績を評価して公表することとなったものです。

実績評価制度全体の概要は次の体系図のとおりです。

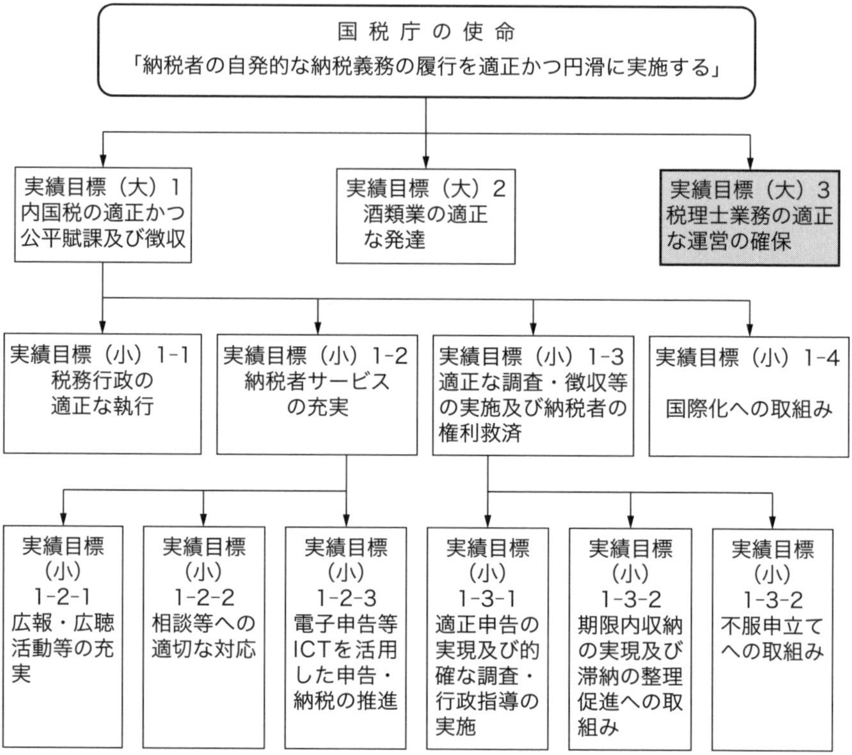

続いて，実績評価制度における「税理士」に対する取組み方針の変遷を確認します。

「国税庁リポート」の変遷をたどると，国税当局が当該年度に重点を置いて取り組んだ事務と各事務の実績が分かります。2004年度版においては，「5. 関係民間団体(注1)との協調」という大項目の中で「税理士」という小項目として位置付けられているに過ぎなかった事務が，2005年度版においては，「5. 税理士の役割」として位置付けが上がり，当該年度より取組方針として「税理士法違反行為への対応」が打ち出されました。

(注1) 関係民間団体とは，①青色申告会，②法人会，③間税会，④納税貯蓄組合，⑤納税協会（大阪国税局の各税務署管内に設立された団体で，青色申告会と法人会と同様な活

動を行っています）です。

筆者が税理士専門官として監督事務に従事した期間は2002年7月～2004年7月であり，その期間の前から監督事務は行われていましたが，当時は監督事務についてどのようにコミットしていくかという告知は対外的にはなされていなかったところで，2005年度版の国税庁リポートから「税理士法違反行為への対応」と文章で明示されたことは，当局が監督事務に対する取り組む姿勢を大きく変えたとみるべきだと考えます。

【国税庁リポート2004（平成16）年度版】

> **5．関係民間団体との協調**
>
> **〈税理士〉**
>
> 税理士は税務に関する専門家として，独立した公正な立場から納税者の信頼に応え，租税に関する法令に規定された納税義務の実現を図る公共的な使命があり，申告納税制度の適正かつ円滑な運営に重要な役割を果たしています。
>
> 我が国の税理士は約6万7,000人で税理士法人が約700社あります。税理士の業務，資格，権利，義務等は，税理士法に規定されており，税理士業務は税務代理，税務書類の作成と税務相談を行うこととなっています。

【国税庁リポート2005（平成17）年度版】

> **5．税理士の役割**
>
> 税理士は税務に関する専門家として，申告納税制度の理念にそって，納税義務者の信頼に応え，租税に関する法令に規定された納税義務の実現を図る公共的な使命を負っています（税理士法第1条）。
>
> このため，税理士の業務である①税務代理，②税務書類の作成，③税務相

談（税理士法第２条）は，たとえ無償であっても税理士でない者は行ってはならない（税理士法第52条）こととされ，いわゆる無償独占業務とされています。

申告者数が大幅に増加する等の中で，申告納税制度を適正かつ円滑に運営していくためには，納税義務の適正な実現を図るという税理士の役割はますます重要となってきており，期待も高まっています。そのため新書面添付制度の推進に努めるなど，公共的使命を果たされている税理士に対しては，国税庁としても十分に尊重することにしています。他方，税理士法に違反する者に対しては厳正に対処することとしています。

○書面添付制度の推進

（省略）

○税理士法違反行為への対応

税理士制度に対する国民の信頼を確保するため，税理士会等との協議を行うなど，あらゆる機会を活用して注意喚起を行い，税理士の非行の未然防止に努めています。また，各種情報等の収集に努め，税理士法に基づく調査を的確に実施するなど，税理士法に違反する行為を行っている税理士等に対しては厳正に対処しています。

【国税庁リポート2007（平成19）年度版】

6. 税理士の役割

(1) 書面添付制度の推進

（省略）

(2) 電子申告などの利用促進

（省略）

(3)　税理士などに対する的確な指導監督

税理士制度に対する国民の信頼を確保するため，国税庁は，税理士に対する指導監督を行っており，これを円滑に実行するため，税理士会などとの間で協議会を設けています。このような場も含め，あらゆる機会を活用して注意喚起を行い，税理士の非行の未然防止を図るとともに，各種情報などの収集を行い，税理士法に基づく調査を的確に実施するなど，税理士法に違反する行為を行っている税理士などに対しては厳正に対処しています。

【国税庁リポート 2008（平成 20）年度版】

6. 税理士制度

(1)　書面添付制度の推進

（省略）

(2)　e-Tax などの利用促進

（省略）

(3)　税理士などに対する的確な指導監督

税理士制度に対する国民の信頼を確保するため，国税庁は，税理士に対する指導監督を行っており，これを円滑に実行するため，税理士会などとの間で協議会を設けています。このような場も含め，あらゆる機会を活用して注意喚起を行うなど，税理士の非行の未然防止を図るとともに，各種情報の収集や税理士法に基づく調査を的確に実施し，税理士法に違反する行為をしている税理士などに対しては懲戒処分を行うなど厳正に対処しています。

また，平成 20 年 3 月には，これらの処分の透明性を確保するなどの観点から，「税理士・税理士法人に対する懲戒処分等の考え方」を取りまとめて公表するとともに，懲戒処分の対象となった者について，官報公告に加えて国税庁ホームページにおいても公表することとしました。

監督事務の中で，税理士に直接的に関わってくる事務ではありませんが，間接的に影響する可能性があるものとして2009年度から具体的に表現されたことが，いわゆる「ニセ税理士」に対する取組みです。

役所的在り方の1つとして，書面にすると「責任の所在」を明らかにすることになるので，なかなか文章で公表しないものです。そういう意味では，対外的な取組みを文書で公表するということは大きな方針の転換ともいえます

例えば，監督事務であれば，「税理士業務の適正な運営の確保」という国税庁の任務の中で，無資格者（ニセ税理士）が税理士業務を行うことは法令上許されないことであり，違法な行為を放置することは法秩序を維持できないことになります。しかしながら，税理士法は無資格者が税理士業務を行うことを禁止しているだけで，当該違法行為に対する罰則がないことと，国税庁の本来の任務は「税理士に対する監督」であり，「無資格者」に対する調査は付随的ともいえる業務であることから，「ニセ税理士の調査は行わないことはないが，可能な範囲で調査する」レベルの位置付けで運用していたところを，このように書面で社会に対して調査することを約束するということは従来の曖昧な姿勢ではないという変化が窺えます。

ニセ税理士への対応は，前記のとおり税理士法で処分することはできないので，事実関係に基づいて証拠収集を行い，当該ニセ税理士の住所を管轄する警察署に告発することになりますが，実務上は警察が告発を受理しなければ事実上税理士法違反行為を処罰することはできないことになります。

このことを税理士に当てはめると，懲戒処分により税理士業務の禁止の処分を受けた税理士が税理士業務を行った場合は，税理士資格そのものが既に登録抹消されているので，いわゆる無資格者であるニセ税理士と同様に，刑事罰を受ける可能性があります。

ニセ税理士に対する取組みの明確化は，当局の厳しい姿勢の表れと考えられます。当局の姿勢の変化は税理士に対しても同様であり，「税理士に対する指導監督」事務に対する取組みの変遷をたどっていくと，事務の重要度が上がり，内容

も具体的で語句のニュアンスも厳しくなっていることが分かります。

国税庁リポート2011年度版からは，「税理士に対する指導監督」は「税理士制度」の最上位に位置付けられて，これは懲戒処分件数が急増した年度とほぼ軌を一にしています（118頁参照）。

更に，同リポート2012年度版からは，税理士制度の説明の中に「税理士業務の適正な運営の確保」として指導監督が位置付けられ，その重要度は増していると推測されます。その後，同リポート2015年度版から現在までは，「税理士業務の適正な運営の確保」が大項目になり，税理士等に対する指導監督については3番目になりましたが，各項目の標題や位置付けの変遷からその重要度は何ら変わりがないと考えられます。

【国税庁リポート2009（平成21）年度版】

> **5. 税理士制度**
>
> **(1)　書面添付制度の推進**
>
> **(2)　e-Taxの利用促進**
>
> **(3)　税理士などに対する指導監督**
>
> 税理士制度に対する国民の信頼を確保するため，国税庁は，税理士に対する指導監督を行っており，税理士会との間で協議会を設けるなど，あらゆる機会を活用して注意喚起を行い，税理士の非行未然防止に努めています。また，各種情報の収集や調査を的確に実施し，税理士法に違反する行為をしている税理士やいわゆる「ニセ税理士」に対しては，懲戒処分や告発を行うなど厳正に対処しています。
>
> （以下省略）

【国税庁リポート2011（平成23）年度版】

5. 税理士制度

(3) 税理士などに対する指導監督

税理士制度に対する国民の信頼を確保するため，国税庁は，税理士に対する指導監督を行っており，税理士会との間で協議会を設けるなど，あらゆる機会を活用して注意喚起を行い，税理士の非行未然防止に努めています。また，各種情報の収集や調査を的確に実施し，税理士法に違反した税理士や，税理士でないにもかかわらず税理士業務を行ういわゆる「ニセ税理士」に対しては，懲戒処分や告発を行うなど厳正に対処しています。

（以下省略）

(2) 書面添付制度の推進

(3) e-Taxの利用促進

【国税庁リポート2012（平成24）年度版】

6. 税理士制度

～税理士の使命～

～税理士の業務～

～税理士業務の適正な運営の確保～

税理士制度に対する国民の信頼を確保するため，あらゆる機会を活用して注意喚起を行い

（以下省略）

税理士会等との連絡協調

(1) 書面添付制度の推進

(2) e-Taxの利用促進

【国税庁リポート 2015（平成 27）年度版】

Ⅶ　税理士業務の適正な運営の確保

～税理士の使命～

1　税理士の業務と役割

2　税理士会との連絡協調

（1）　書面添付制度の推進

（2）　e-Tax の利用促進

3　税理士等に対する指導監督の的確な実施

税理士制度に対する国民の信頼を確保するため，国税庁では，あらゆる機会を活用して注意喚起を行い，税理士等による税理士法違反行為の未然防止に努めています。また，税理士等に対する調査を的確に実施し，税理士法に違反した税理士等や，税理士等でないにもかかわらず税理士業務を行ういわゆる「ニセ税理士」に対しては，懲戒処分や告発を行うなど厳正に対処しています。

（以下省略）

3
監督事務の執行体制と懲戒処分手続きの流れ

(1) 55 条調査の執行体制

55 条調査の執行体制の体系図は次頁の図のとおりです。

(2) 55 条調査を受ける端緒

55 条調査を受ける端緒で多いのは，①顧問先に対する税務調査，②税理士・税理士法人に対する税務調査であり，①は法 45 条（脱税相談の禁止）に規定する不真正税務書類の作成に繋がる事例があります。

また，②は法 37 条（信用失墜行為の禁止）のカテゴリーである，「自己脱税」の事例があり，これは法 46 条（一般の懲戒）に該当する可能性があります。

その他の端緒としては，部外情報，俗にいうところの「タレコミ」です。情報提供者は様々で，トラブルが原因で関係が崩れた元職員や元関与先などです。更には，新聞等のマスコミ報道が端緒になる可能性もあります。

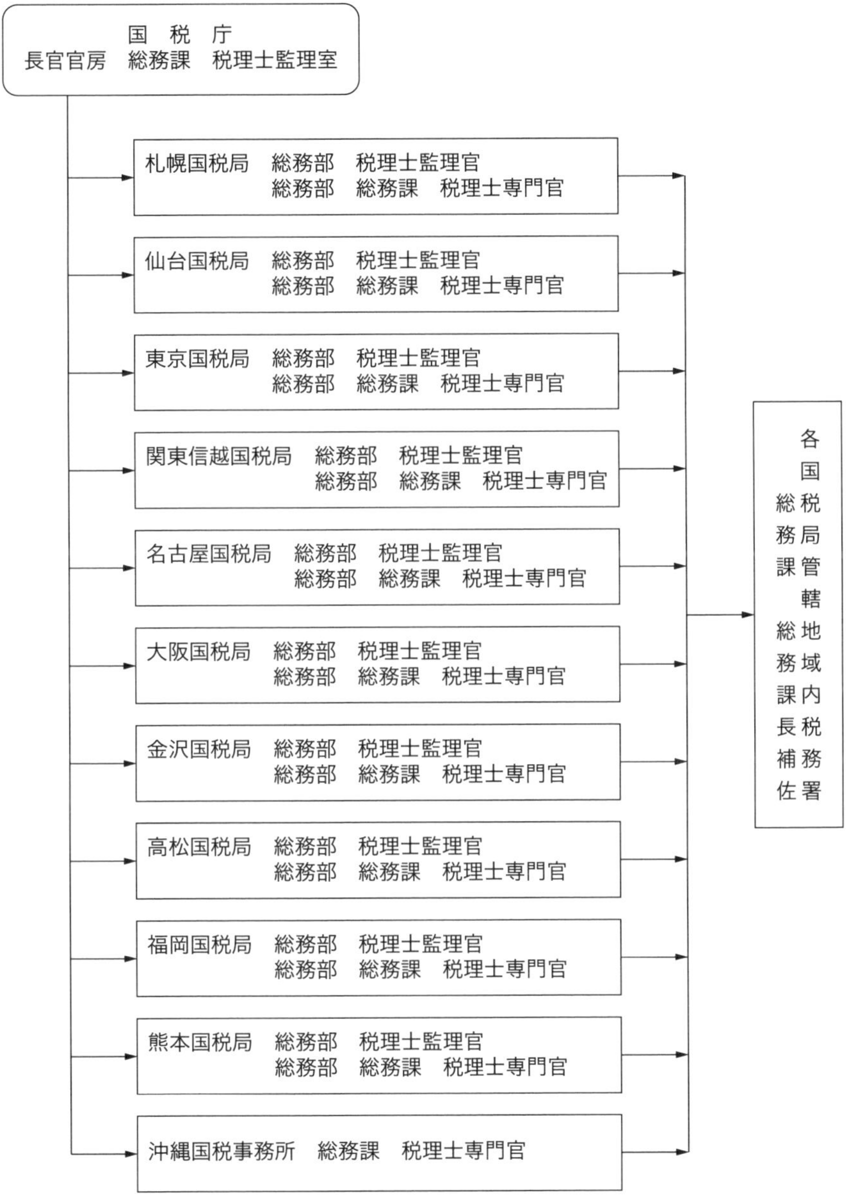

※ 沖縄国税事務所には,「税理士監理官」は置かれていません。

(3) 55条調査の流れ

55条調査のフロー図は次のとおりとなります。

55条調査には，懲戒処分を前提とする税理士専門官が担当する調査と，税務署の総務課長補佐が担当する実態確認調査があります。

実態確認調査は，国税局総務部総務課税理士係より各税務署に当該税務署管内の税理士会の税理士登録者数に応じて調査実施件数が指示されます。これは，65頁で説明した実績評価制度とも関連しており，実績として残さなければならないことが背景にあります。

税理士専門官が担当する調査に関しては，前提としては懲戒処分を視野に入れていますが，実際に事実関係を確認しなければ懲戒処分の可否は判断できないので，税務調査とは異なり事務年度ごとに懲戒処分件数の目標値が設定されているわけではありません。懲戒処分件数は，55条調査の結果としてあらわれてくるものです。

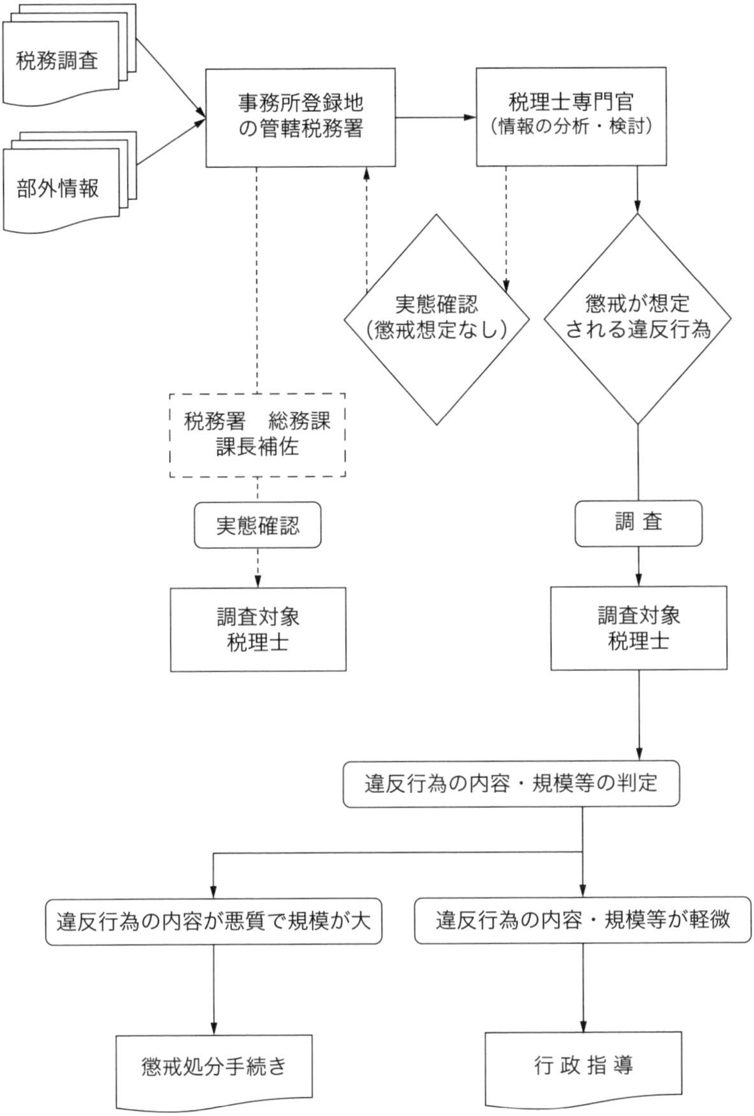
税務調査
部外情報
事務所登録地
の管轄税務署
税理士専門官
(情報の分析・検討)
実態確認
(懲戒想定なし)
懲戒が想定
される違反行為
税務署　総務課
課長補佐
実態確認
調　査
調査対象
税理士
調査対象
税理士
違反行為の内容・規模等の判定
違反行為の内容が悪質で規模が大
違反行為の内容・規模等が軽微
懲戒処分手続き
行 政 指 導

(4) 懲戒処分手続きの流れ

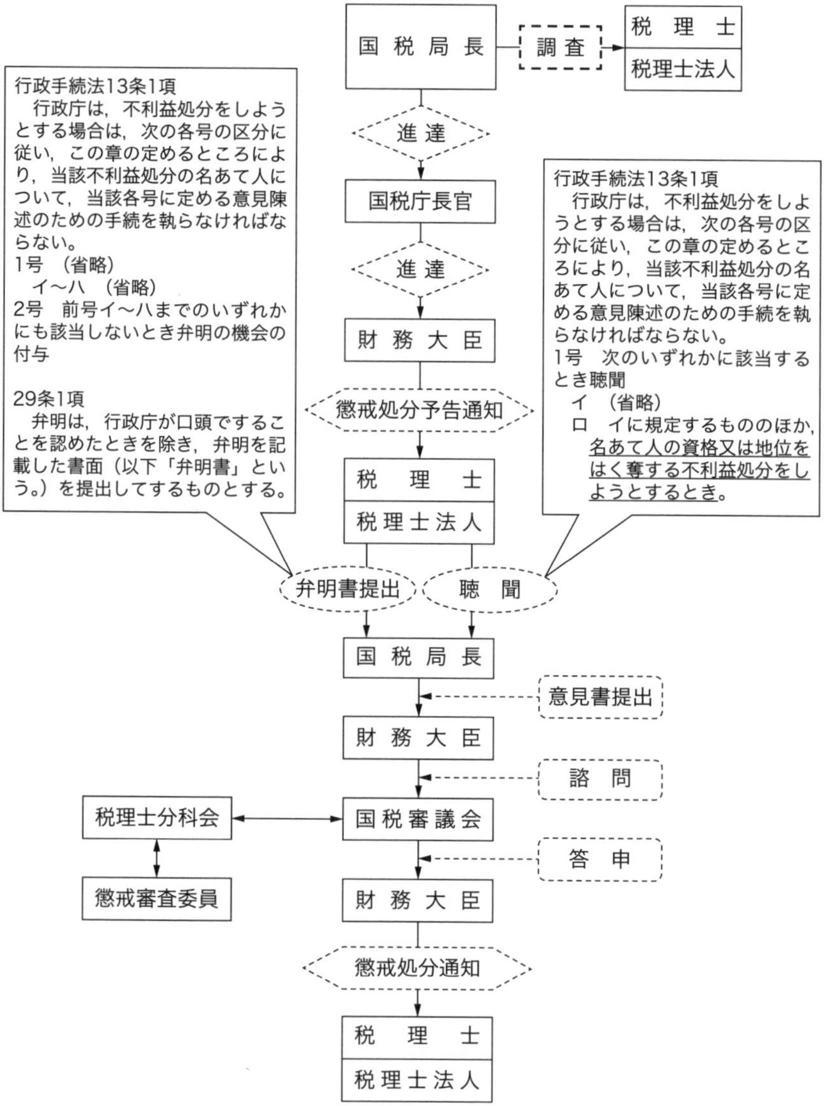

（「税理士法の実務」より一部加筆）

(5) 懲戒処分を回避する方法はあるのか

結論を先に述べると，懲戒処分を回避する方法の有無については，処分期間が満了して後に税理士業務を再開したいかどうかによって答えが異なります。また，以下で述べる「脱法的行為」で懲戒処分を免れることはできません。

この問題に関してインターネットで検索すると，「資格はく奪から逃れる裏ワザがある」という趣旨の情報が見受けられます。その「裏ワザ」を要約すると，「自ら税理士資格を返上して税理士法上の処分を回避し，数年後（概ね3年程度）に再登録をすれば税理士業務が再開できる」，というものです。

このような方法はまさに「脱法的行為」と言わざるを得ない行為であり，そのような行為で懲戒処分を免れることができるのであれば，行政秩序の維持のための制度が無きに等しいものになります。

したがって，現状では懲戒処分を免れるために自ら税理士登録を抹消してその後に再登録の申請をしても税理士業務を再開することはできないと認識すべきです。

その根拠の1つ目は，著者の元公務員として負っている守秘義務の関係上，紙面でお伝えできることには限りがありますが，元税理士専門官としての実務経験を踏まえてお伝えできることの1つで，税理士法違反行為に関しては除斥期間（いわゆる「時効」）がないということです。

その意味するところは，一旦は懲戒処分を受ける前に税理士登録を自ら抹消して懲戒処分を回避し，その後に再登録を果たしたとしても，改めて法55条に基づく調査を受けないで済むという保証はどこにもないということです。

監督当局には個々の税理士に関する経歴その他必要とされる情報は記録として残されており，そのような脱法的行為で目先の懲戒処分は回避できたとしても，記録が残っている以上，再調査の可能性は高いと考えざるを得ません。

懲戒制度そのものが行政秩序維持の担保として設けられていることを考えれば，

そのような脱法的行為が許されるはずもありません。

もう1つの根拠について，税理士として業務を再開したい場合は，所属税理士会を通じて日本税理士会連合会に再登録の申請をしなければなりません。

既にご承知のとおり，税理士登録申請書には，副本3通を添付する必要があり，申請書の提出を受けた税理士会は，その副本を申請者の住所地を所轄する税務署，市区町村，都道府県の長に1通ずつ送付しなければならないことになっています。これは，税理士登録に関する決定に当たり，その申請者に係る税理士資格の有無及び登録拒否事由の有無について，あらかじめ国，都道府県，市区町村の三者から情報を得ることにより登録決定の適正を期するための措置とされています。

つまり，税務署に登録申請の副本が送付されるということは，当該申請者が税理士法上の調査を受けたということが記録として残されており，当然に違反行為が行われた蓋然性が高いこと，その後に自ら税理士登録の抹消をしたことも分かることになるので，このような事実が日本税理士会連合会に報告された場合には，当該申請者は法24条（登録拒否事由）1項7号「税理士の信用又は品位を害するおそれがある者その他税理士の職責に照らし税理士としての適格性を欠く者」に該当し，再登録申請が承認される可能性はないと考えられます。

懲戒処分により一定期間の税理士業務の停止，あるいは税理士業務の禁止の処分が満了した後も税理士業務を継続したいという意思がある場合は，懲戒処分を回避する方法はありません。処分後も税理士業務を続けたいのであれば淡々と処分を受けるしかありません。

しかしながら，懲戒処分が明けた後に税理士業務を継続する意思がない場合は，「懲戒の手続きに付される前」に，①開業税理士であれば，税理士業務を廃止して自ら税理士登録を抹消，②税理士法人であれば，解散して清算結了すると同時に①の手続きをすれば，いずれも税理士ではなくなるので懲戒処分を受けることはありません。

さらに，自らの意思で税理士登録を抹消することについて補足します。

従前は，懲戒の手続きが開始された後でも自ら業務を廃止し税理士登録を抹消することで懲戒処分を免れることが可能でしたが，本来懲戒処分の対象となって税理士業務の停止あるいは禁止となるべき税理士が，自ら登録抹消を行った後に再登録をして業務を再開することが可能になるという「脱法的行為」を排除するために，平成13年の法改正において，税理士が懲戒の手続きに付された場合には，その手続きが結了するまで，当該税理士から登録抹消の請求があっても，日本税理士会連合会が税理士登録の抹消をすることができないようになりました。

(6) 「懲戒の手続きに付される」段階

「懲戒の手続きに付される」とは，税理士法施行規則14条の3（登録抹消の制限に係る懲戒の手続の開始時期等）に規定されており，具体的には，「懲戒処分予告通知書」が当該税理士に送達された場合をいいます。

同条2項に，通知書が当該税理士に送達されたことを財務大臣から日本税理士会連合会に通知しなければならないことが規定されており，これによって税理士登録が抹消できなくなります。

法47条の2（登録抹消の制限）には，「日本税理士会連合会は，税理士が懲戒の手続に付された場合においては，その手続きが結了するまでは，第26条第1項第1号の規定による当該税理士の登録を抹消することができない」旨が規定されています。

(7) 「その手続きが結了する」段階

「その手続きが結了する」とは，税理士法基本通達47の2−1（懲戒手続きの結了）に規定されており，具体的には，懲戒処分通知書が当該懲戒処分に係る税理士に到達したとき又は国税審議会から財務大臣に対して懲戒処分をしないことが相当である旨の答申が行われたときです。

(8) 懲戒処分の可否が決定するまでの期間

懲戒処分の可否が決定するまでどのくらいの期間を要するかは一概にはいえません。

その理由は，当該調査は税務調査と異なり客観的な証拠が乏しく，事実関係を確認，認定するために時間を要するケースがあったり，事実認定を質問応答記録書に頼らざるを得ない側面もあったりすることが背景にあります。

筆者の実務経験からの平均的な所要期間ですが，行政指導で済む場合は数か月，長くても4か月くらいで結論が出ますが，ある事例は「名義貸し」が疑われて，問題なしの結論が出るまでに1年近い期間を要した事例もありました。

逆に考えると，調査を受けて4か月経っても当局から「行政指導です」等のアクションがなければ，懲戒処分前提の手続きに入っている可能性が高いことが考えられます。

懲戒処分前提の場合は，事実関係の確認等や監督当局（国税局，国税庁）間の手続き等で時間を要しますので，概ね6か月前後の期間を要します。

懲戒処分の可否は国税審議会の税理士分科会での審議を経て決定されます。審査会は年に2回開催され，開催の時期は懲戒処分の官報への公告（原則として毎年1月末日と6月末日）に合わせたタイミングで開催されます。

4

処分に不服がある場合の手続き

(1)　処分に不服がある場合の手続きの流れ

処分に不服がある場合の手続きの流れは次頁の図のとおりです。

(2)　審査請求あるいは訴訟を提起した場合の処分

審査請求あるいは訴訟を提起しても，懲戒処分の効力は懲戒処分通知書が送達されたときに発生し，その効力は実務的には停止しないと考えられます。

その理由は，懲戒処分効力の発生時期は，法 47 条 5 項（懲戒の手続等）に規定されている，「財務大臣は，前 2 条の規定（法第 45 条（脱税相談等をした場合の懲戒），法第 46 条（一般の懲戒））により税理士の懲戒処分をするときは，その理由を付記した書面により，その旨を当該税理士に通知しなければならない」の解釈によっており，その解釈は，昭和 55 年の税理士法改正の際に，それまでの「処分の確定したとき」から「処分をしたとき」に改められたことにあります。

その趣旨は，昭和 38 年 12 月の税制調査会における次の答申に基づいているものです。

> 適正な納税義務の実現のために，税理士業務を独占業務とする法的保障が与えられている税理士に対する懲戒処分は，税理士の業務執行における秩序の保持を保証するための，監督上の行政処分であり，裁判所における判決が確定するときまで，懲戒処分の効力が発生せず，その間は税理士業務を行う

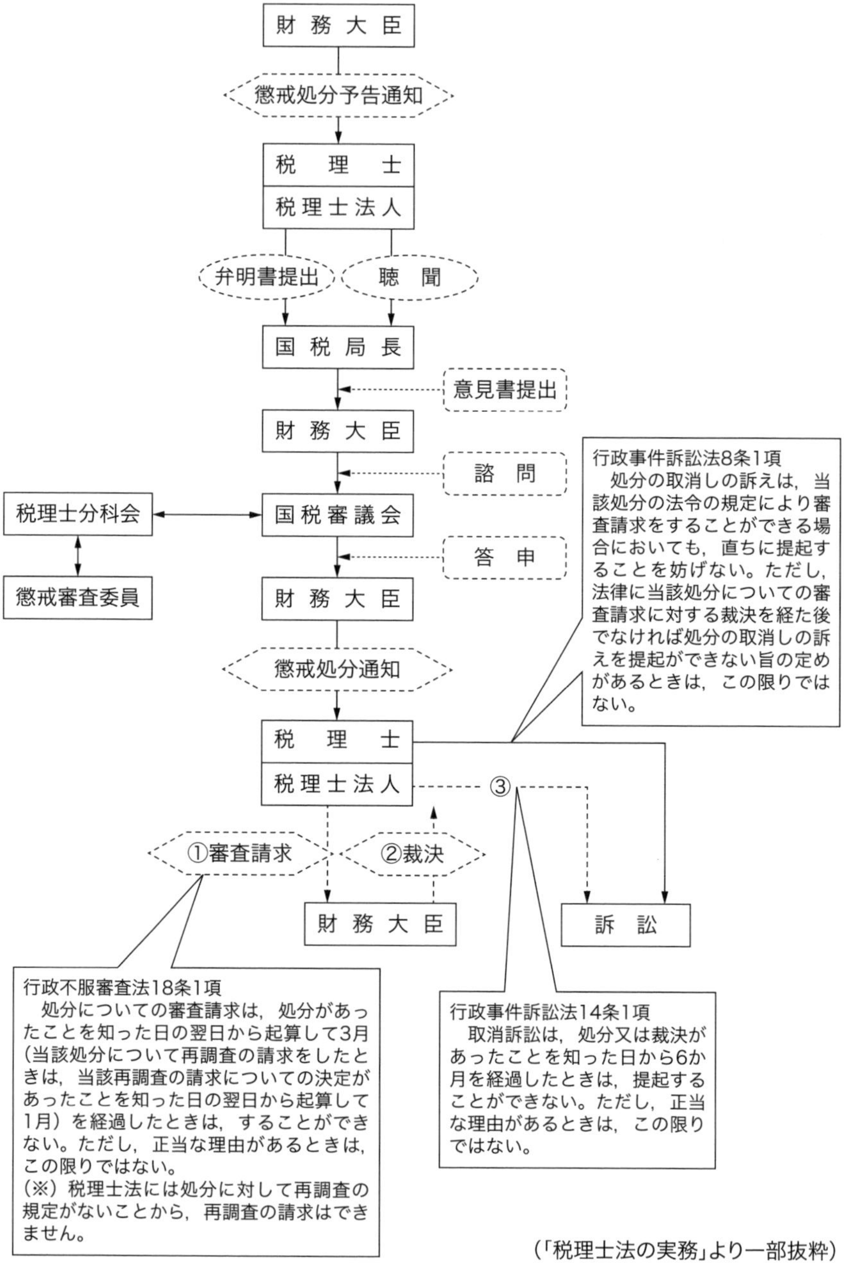

（「税理士法の実務」より一部抜粋）

のにふさわしくない者が，自由に税理士業務を行うことができるのは，行政秩序の破壊に対する制裁としての処分の効果を著しく減殺することになり，行政処分として不合理である。

更に詳しく解説します。

行政不服審査法 25 条（執行停止）

1 項　審査請求は，処分の効力，処分の執行又は手続の続行を妨げない。

2 項　処分庁の上級行政庁又は処分庁である審査庁は，必要があると認める場合には，審査請求人の申立てにより又は職権で，処分の効力，処分の執行又は手続の続行の全部又は一部の停止その他の措置（以下「執行停止」という。）をとることができる。

3 項　（省略）

4 項　前 2 項の規定による審査請求人の申立てがあった場合において，処分，処分の執行又は手続の続行により重大な損害を避けるために緊急の必要があると認めるときは，審査庁は，執行停止をしなければならない。ただし，公共の福祉に重大な影響を及ぼすおそれがあるとき，又は本案について理由がないとみえるときは，この限りではない。

行政事件訴訟法 25 条（執行停止）

1 項　処分の取消しの訴えの提起は，処分の効力，処分の執行又は手続の続行を妨げない。

2 項　処分の取消しの訴えの提起があった場合において，処分，処分の執行又は手続の続行により生ずる重大な損害を避けるため緊急の必要があるときは，裁判所は，申立により，決定をもって，処分の効力，処分の執行又は手続の続行の全部又は一部の停止その他の措置（以下「執行停止」という。）をすることができる。ただし，処分の効力の停止は，処分の執行又は手続の続行の停止によって目的を達することができる場合には，することができない。

3項（省　略）

4項「執行停止」は，公共の福祉に重大な影響を及ぼすおそれがあるとき，又は本案について理由がないとみえるときは，することができない。

以上のとおり，行政不服審査法及び行政事件訴訟法において，「救済措置」として処分の執行停止の制度がありますが，いずれも義務規定ではないこと，公共的使命を担う税理士に対する行政上の処分であることなどから，実務において「執行停止」の申立てが認められる可能性はほとんどないと考えられます。

訴訟を提起しても懲戒処分の効力は停止しないので，仮に勝訴したとしても懲戒処分によって失った名誉や金銭的な損失等は回復できる可能性はないことから，55条調査における重要なポイントは，当該調査の過程において是々非々で事実関係を明確にすることです。

繰り返しになりますが，救済措置としての弁明書の提出や聴聞での主張，申し述べ等では，処分は99％以上の確率で結論が覆ることはありません。表現は厳しいですが，「救済措置」は設けなければならないから措置しているだけで，救済される可能性はほとんどないと認識すべきです。

5

55 条調査への対処

筆者は年間に 10 名前後の税理士から 55 調査への対処について相談を受けています。相談に来る理由は，いずれの税理士も当該調査の目的や調査手法等がよく分かっていないために対処の方法が分からないためです。つまり，自らの業務を律する税理士法を十分に理解していないことが主因であるということです（197頁参照）。

以下に 55 条調査への基本的な対処法について解説しますが，冒頭に確認したいことは，不真正税務署類の作成，自己脱税など既に55条調査の端緒となる事実が確定している調査にあっては，同様の対処をしても 55 条調査の結果に影響を与えることは困難です。

以下の対処によって結果が左右される可能性がある事由としては，名義貸し，使用人監督義務違反など，調査をしてみなければ事実関係の確認，事実認定ができない，確認した事実に基づいて，行為の質的，量的な観点から懲戒処分に問えるかどうかの判断が必要となる事由です。

(1)　55 条調査における前提条件

これまで解説した事項の確認の意味で記載します。

> 任意の調査とはいえ，罰則規定（法 62 条①二）が設けられ，間接的に受忍義務が課されている
>
> ①　報告を求められた際は，報告しなければならない。
>
> ②　質問に答えない（不答弁），あるいは虚偽の答弁はできない。

③　検査を拒否，妨害，忌避はできない。

(2)　前提条件を踏まえた基本的な考え方

自己脱税や不真正税務書類の作成など，事実関係が既に確定している違反行為に関して，税理士法上の責任がないことを当局に説明し理解を得ることは困難です。

しかし，調査をしなければ事実関係が確定できない行為，例えば，名義貸し，使用人の監督義務違反等については，発生した事実（当局が違反行為と想定している事実）に対する解釈や認識の相違等もあり得ることから，論点を明確にして議論し，違反行為がないことを明らかにする，あるいは懲戒処分に問うことが困難であることを当局に認識させることは可能です。

しかしながら，どこが論点になるのかさえ分からない税理士が多い，というのが筆者の実感であり，調査を受ける税理士にとって当該調査を乗り越えるための大きな障害となっています。

(3)　55条調査時の対処

55条調査の日程調整に関して，基本的に税理士側の業務の繁閑を気にせずに当局主導で日程を調整しようとする傾向がありますが，自身の個人的事情や業務上の都合は主張しても差し支えありません。

実際，繁忙期（月末や特定の業務が集中する時期）にもかかわらず，調査日程の確保を求めてくるケースはあります。受忍義務があるとはいえ，個人的あるいは業務上の事情にかかわらず調査に応じなければならないほどの受忍義務はありません。

税務調査と大きく異なる点は，前記（2）後段のケースにおいて，違反行為を立証する客観的な証拠が乏しいことが多々あり，事実認定の方法が質問応答記録書に頼らざるを得ないこととなる傾向があることです。

(4) 質問応答記録書への基本的な対処

質問応答記録書の位置付けについて，税務調査において質問応答記録書を作成する場合は，当局が「重加算税を賦課したい」と考えているときです。

同様に55条調査においても，違反行為に対する認識があったことを行政文書，言葉を換えると「証拠」として残すことを目的として作成します。

質問応答記録書が必要な理由については，税務調査でも55条調査においても同じです。税務調査の例が解りやすいので，税務調査の場合における質問応答記録書の位置付けについて確認の意味で説明します。

前記のとおり，質問応答記録書は重加算税の賦課が前提となっている場合に作成します。本来，重加算税の賦課要件は各税目（法人税，所得税，資産税，贈与税）に事務運営指針（以下「指針」と略します）が定められており，指針に規定されている要件を満たせば，課税庁側は重加算税を賦課するという判断をしますが，当該指針の中に質問応答記録書の作成は要件として含まれていません。

指針にない質問応答記録書を作成する理由は，税務調査の結果，修正申告ではなく更正処分となった場合や，重加算税の賦課決定処分に対する爾後の異議申立てや審査請求，訴訟に備えるためです。

「自白は証拠の王」，「たかが供述，されど供述」との比喩があります。筆者の国税査察官の経験からも，脱税調査において作成する「質問てん末書」には「被質問者は任意次のとおり供述した」旨の一文を必ず入れました。法的権限のある職員が作成した「任意性」のある書面について，爾後の当局との争いで逆転させることは非常に困難となるので，作成段階で自身の回答部分として記載された内容に意味合いの異なる表現がされていないか，細心の注意を払わなければなりません。

当局は，「事実関係を整理するために質問応答記録書を作成します」という言い方をしますが，事実関係を整理するだけであれば行政官が作成するメモ書きも行政文書なので，メモでも問題はないところを，敢えて質問応答記録書を作成する意図は，行為に隠ぺいあるいは仮装の行為を意図的に行ったことを書面で残すことにあります。

55条調査の場合は，前述したとおり違反行為を立証する証拠が十分でないことが多いので，事実関係を整理するという意味で質問応答記録書を作成する意味は大きく，そこにある当局側の隠された意図は，目に見えない「当事者の内心の意図」を目に見える形で文字にして書面で残すことにあります。

生じた結果が過失によるものか故意なのかは課税処分においても加算税の賦課に大きな影響があるとおり，違反行為の量定においても大きな違いがあることはこれまで解説したとおりです。

本論に戻りますが，55条調査においては，事実関係が確定していない違反行為以外は税務調査以上に客観的な証拠が不足していることが多いので，懲戒処分に問うためには質問応答記録書が必須となります。

55条調査に臨む際に税理士専門官は手元の情報から違反行為の全体像を推定し，自分なりのストーリーを描きます。

実際の55条調査においては，点と点を繋ぎ合わせて面にする必要があります。つまり断片的な証拠を集めてつなぎ合わせ，併せて違反行為の原因となった事実について「故意」の認識があったことも含めて文章にして懲戒処分に問えるように全体を構成しなければなりません。

質問調査において不答弁，虚偽回答はできないので対処法の基本は以下のとおりです。

①　認識の相違ははっきり述べる

質問されたことに対して不答弁，虚偽回答はできませんが，認識や見解の相違は明確に述べましょう。

② 誘導的な質問には注意する

断片的な事実を繋ぎ合わせて「答」を誘導する質問の仕方，例えば，「A があってBがあって，これはつまりCということですよね」というような問いかけの仕方で，調査する側（税理士専門官）が欲する答えを誘導する手法です。

③ 端的な言い方で回答しない

極端な例ですが，「はい」，「いいえ」，「そうです」といったような短いフレーズで答えると，自身の認識あるいはニュアンスが異なる表現で文章（自身の回答）にされることがあります。

税理士専門官は，前述したとおり，手持ちの情報を元に事前に自身のストーリーを描いており，被質問者（税理士）の回答を税理士専門官の理解と都合の良い表現（言葉）で書面にするので，短いフレーズで回答すると，被質問者（税理士）の認識とは異なるニュアンスで文章が表現されることがあります。

税理士専門官の質問への回答の内容は非常に重要です。事実関係，背景，経緯，行為に対する認識といったことについて記憶にある限り詳細に説明することが自身（資格，仕事）を守ることに繋がります。

④ 記憶が曖昧なときはすぐに回答しない

質問への回答について，回答する事柄は，自身が明確に認識あるいは記憶していることについてのみ回答し，記憶や認識が曖昧なことについては，「今は思い出せないので，機会を改めて回答する」旨を明確に伝えます。

税理士専門官は角度を変えて同じ趣旨の質問を繰り返すことが多々ありますが，決して曖昧な記憶で回答しないことです。この際に誘導的な質問調査になりがちなので注意が必要です。

(5) 質問応答記録書に署名押印しなければどうなるか

質問応答記録書は調査で確認した事項を整理するという，行政庁側の理由で作成される任意の行政文書であり，当該質問応答記録書の末尾において，記載された内容に間違いがないことを確認する意味で被質問者（税理士）の署名押印を求められます。

法律的には署名押印を拒否することは違法ではありませんし罰則もありませんが，署名押印をしなくとも，法的権限のある職員の作成した行政文書として当該質問応答記録書は「証拠」としての価値を持つので，拒否をしても実質的には証拠採用されることになります。

インターネットなどで検索すると「拒否しても罰則規定がない」あるいは「不用意にサインをしてはならない」というような解説が見受けられますが，これは質問応答記録書の証拠価値の有無に関する議論とは別の論点であろうと思います。

署名押印に応じるか否かよりも大きな問題は，署名押印を拒否しても，被質問者（税理士）の認識が「答」として文字となって残り，それが，場合によっては被質問者（税理士）の認識と異なるニュアンスの内容の文章が証拠として残ることです。

更に大きな問題は，当該質問応答記録書が当局内において現場での細かいやり取りや機微な状況が分からない複数の当局者が読むことです。言葉を選ばず表現すると，「被質問者（税理士）の意図していないニュアンスで表現された書面が監督当局内で独り歩きしていく可能性がある」ということで，当事者である税理士が極めて不利な立場に置かれる可能性があります。

懲戒処分に相当するか否かは担当税理士専門官が１人で判断するわけではなく，上司である税理士監理官や上級官庁の国税庁の担当部署の職員も目を通すことになるので，署名押印を拒否し，内容の訂正も行われない質問応答記録書から被調査者（税理士）の言わんとしていることが監督当局にどれだけ正確に伝わるか保証の限りではありません。

(6) 署名押印しなくても証拠になるのであれば どう対処すればよいか

質問応答記録書は，終了時に被質問者（税理士）の回答の内容に間違いがないかを確認する意味で，被質問者に対して「読み聞かせ」をします。

その際に，自身の「答」として記載されている内容に事実の誤認やニュアンスの違い，認識の違いがある場合は，その部分について「問○の答の部分をこれこれ，こういう内容に訂正してください」と「答」の内容の訂正を要求して，当該質問応答記録書が全体として納得のいく内容で訂正できれば署名押印に応じ，調査担当者（税理士専門官）が訂正に応じない場合は，「問○について訂正を求めましたが，訂正に応じないので署名押印を拒否します」という一文を入れてもらい，理由もなく署名押印を拒否したととられないようにすることが大事です。

(7) 調査全般における基本的な対応の在り方

違反行為の有無についての立証責任は，基本的に監督当局側にあるものと考えます。

では，どのように違反行為があったことを立証するかということを筆者の国税査察官の経験から述べます。証拠には物証と書証があり，物証とは申告書，使用された印章，メモ等の記録として残されたものなどの具体的な「物」であり，書証とは課税調査や55条調査でいうと質問応答記録書あるいは調査対象者（税理士）が作成した申述書，上申書などになります。

更に，状況証拠として，例えば名義貸しの場合だと，①税理士のゴム印，印章などが「にせ税理士」の事務所に保管されていた，②税理士の署名押印のある申告書控えが「にせ税理士」の事務所に保管されていたなどが違反行為があったことを窺わせる状況ですが，状況はあくまでも状況であり，当該状況がどのような事実を示しているかを証拠化するものが質問応答記録書となります。

①のケースであれば，質問応答記録書に「税理士資格がないにもかかわらず私が申告書を作成し，○○先生のゴム印と印鑑を私が手元に保管して○○先生の名義を借りて先生の代わりにゴム印と印鑑を押印していました」という内容の「にせ税理士」の答えを得て質問応答記録書を作成して証拠を補強します。

また，②のケースであれば，「税理士資格がないにもかかわらず申告書を作成し，○○先生に署名押印をいただき，私のお客様なので私の控えとして申告書控えを保管していました」という答えを得て，①と同様の趣旨で質問応答記録書を作成し，更に，これらの証拠（書証）をもって税理士に対する55条調査において名義を貸したという質問応答記録書を作成し「名義貸し」の認定をするという流れとなります。

この設例は次に解説する「反面調査」と矛盾すると考えられるかもしれませんが，「にせ税理士」の場合は法52条（業務の制限違反），つまり，「税理士又は税理士法人でない者は，この法律に別段の定めがある場合を除くほか，税理士業務を行ってはならない」の規定に違反しているので，監督当局が法律に規定のない権限を行使しているとは認められません。

また，いわゆる「反面調査」について，課税調査では国税通則法に反面調査の法的根拠が規定されていますが，税理士法においては反面調査を規定した条文はありません。したがって，調査がどのような展開になるかは予想できない，例えば，税理士のところで必要な証拠が確認できないので相手方に確認するといったようなことが起こりかねないので，調査スタート時に反面調査の権限の有無について共通認識を持っておく，つまり，相手方（国税専門官）に反面調査の権限の有無を確認することは自己防衛のために必要なことです。

一方で，自らの潔白を証明するために第三者の協力が必要であれば，当該第三者の承諾を得て積極的に相手方に示すことは何ら問題ありません。

参考として，「反面調査」に関する筆者の個人的な見解は，税理士法に規定がない以上「反面調査」はできないと考えています。

ある相談事例で，反面調査の権限の有無について税理士専門官に確認を求めるように被相談者（税理士）にアドバイスし，当該税理士が税理士専門官にその質問をしたところ即答できず，回答を一旦留保して後日の回答となり，その内容は「財務省設置法の解釈で可能」とのことでしたが，財務省設置法の何条の解釈によるなどの具体的な説明はなく，結果として反面調査の実施は見送られました。

(8) 調査時の第三者の立ち合いの可否について

税務調査においては，税理士法において税務代理（代行も含まれる）という税理士業務（税理士の独占業務）として税理士の立ち会いが認められていますが，55 条調査においては，第三者の立ち会いを規定した条文はなく，禁止する条文もありません。

55条調査における立ち会いの禁止規定がないからといって，誰でもが立ち会い可能かどうかを考えた場合に，55 条調査の過程においては被調査者（税理士）の業務上の秘密や個人的な情報に触れるため税理士専門官は国家公務員法 100 条に定める守秘義務を負う立場にあることから，税務調査と同様に法律上の守秘義務を負わない者の立ち会いを認めることはないと考えられます。

そこで，例えば，筆者のように税理士資格を持ち税理士法に定められた守秘義務を負っている者が 55 条調査の実務経験があるという理由で立ち会えるかというと，55 条調査が税理士業務の範疇であれば立ち会いは可能と考えられますが，55 条調査は税理士業務の範疇ではないので，55 条調査においては守秘義務を負わない者として立ち会うことはできないと考えられます。

弁護士について 55 条調査への立ち合いの可否を考えた場合に，弁護士は弁護士法 23 条において，「職務上知り得た秘密を保持する権利を有し，義務を負う」と規定されていることから，税理士法において 55 条調査への立ち会い禁止規定がないのであれば，弁護士の立ち会いは可能という解釈もできます。

筆者の相談事例の中でも弁護士であれば立ち会い可能という当局の回答を得た

事例がありますが，別の国税局においては認められないといわれた事例もあり，当局側の統一的な対応はできていないと推認できます。

筆者の個人的見解としては，立ち合いの禁止規定がない以上弁護士の立ち会いを拒否する法的根拠はないと考えますが，実務的に考えた場合には，調査に立ち会って当局側と議論できるだけの税理士法の知識，経験（税理士法に限った）を備えた弁護士が存在するとは考えにくいので，弁護士立ち会いの効果としては，当局側の誘導的な質問や強引な調査に対する牽制効果は期待できますが，費用対効果を考えると自身で論点を整理して当局と是々非々の議論ができれば，弁護士立ち合いがあった場合の結果と大きく変わることはないと思われます。

第4章

懲戒処分の判断基準と罰則規定

本章では，懲戒処分を受けないための事務所運営，業務遂行に資するために，懲戒処分の要否の判断基準及び違法行為等に係る罰則規定を解説します。

懲戒処分に当たっての量定は，個々の違反行為における違反の内容，規模等によって，財務大臣名で公示された財務省告示（「税理士・税理士法人に対する懲戒処分等の考え方」）に当てはめて判断されます。

財務省告示は，平成 20 年 3 月 31 日に公示された財務省告示 104 号があり，同告示は平成 27 年 3 月 31 日以前にした不正行為に対して適用されます。また，その後の平成 27 年 1 月 30 日に公示された同省告示 35 号があり，同告示は平成 27 年 4 月 1 日以後にした不正行為に対して適用されます。

新たに告示が公示された背景には，平成26年の税理士法改正において，①懲戒処分の種類の中で業務停止処分の処分期間の上限が 1 年から 2 年に改正された，②「名義貸し」について，従来は法 37 条（信用失墜行為の禁止）のカテゴリーであったところ，法 37 条の 2（非税理士に対する名義貸しの禁止）として明文化され，「名義貸し」と「信用失墜行為の禁止」のカテゴリーの中で「税理士業務を停止されている税理士への名義貸し」に区分されたこと，更に，③税理士法施行規則が改正され，従来の「補助税理士」が「所属税理士」へと名称が変更され，かつ，「所属税理士」の業務の範囲も「補助税理士」から拡大されたことなどがあると考えられます。

懲戒処分の量定の判断に関して 2 つの告示が並列する理由は，課税処分等とは異なり税理士法の違反行為については除斥期間，いわゆる「時効」の規定がないことにあります。

時効がないとはいえ，実務的にどの程度の期間遡及して違反行為を追及できるかは別としても，告示 104 号と同 35 号を違反行為の発生した年に合わせてそれぞれ適用していくことになります。この点に関しては，筆者の相談事例において，電子申告の導入時（平成 16 年 2 月）まで遡り，導入前と導入後で「名義貸し」が問題視される事例がありました。

告示の内容については後段で解説を加えますが，告示 35 号の規定は同 104 号と比較すると，業務停止期間の上限が 1 年から 2 年に延びただけではなく，規定の内容が明確化されて判断基準がより厳しくなったことが見て取れます。

2つの告示については，違反行為の発生の時期に応じていずれかの告示が適用されていることから，新旧という呼称は適当でないと考えますが，便宜上，告示104号を「旧告示」，告示35号を「新告示」と表記します。

次表において，同じ項目が並列的に見比べられるように位置をずらして記載しています。また，留意すべき変更点は下線で強調しています。

なお，次の「税理士・税理士法人に対する懲戒処分等の考え方」において使用されている用語に含まれる範囲は以下のとおりです。

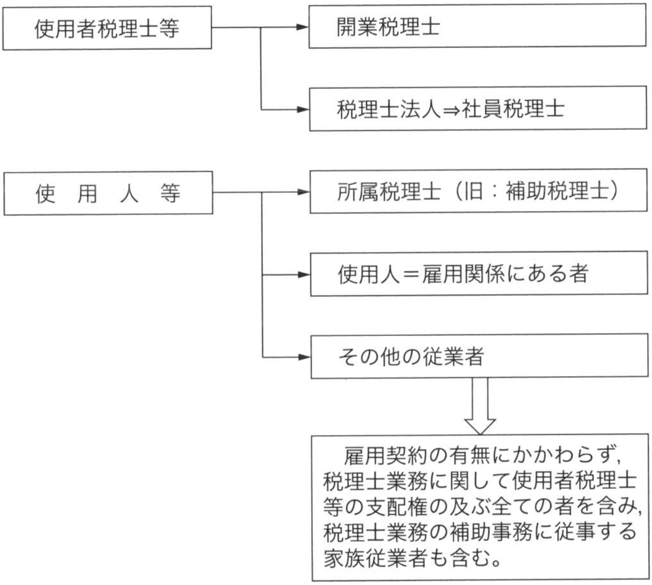

1

懲戒処分等の考え方

【税理士・税理士法人に対する懲戒処分等の考え方】

平成20年3月31日　財務省告示104号 （平成27年3月31日以前にした不正行為に係る懲戒処分等に適用）	平成27年1月30日　財務省告示35号 （平成27年4月1日以後にした不正行為に係る懲戒処分等に適用）
Ⅰ　総則	Ⅰ　総則
第１　量定の判断要素及び範囲 税理士に対する懲戒処分及び税理士法人に対する処分（以下「懲戒処分等」という。）の量定の判断に当たっては，Ⅱに定める違反行為ごとの量定の考え方を基本としつつ，以下の点を総合的に勘案し，決定するものとする。 ①　行為の性質，態様，効果等 ②　税理士の行為の前後の態度 ③　懲戒処分等の処分歴 ④　選択する処分が他の税理士及び社会に与える影響 ⑤　その他個別事情 また，税理士法人に対する処分の量定の判断に当たっては，上記の事項に加え，内部規律，内部管理の内容等を勘案する。 なお，Ⅱに定める量定の考え方によることが適切でないと認められた場合には，税理士法（昭和26年法律第237号。以下「法」という。）に規定する懲戒処分等の範囲を限度として，量定を決定することができるものとする。	**第１　量定の判断要素及び範囲** 税理士法（昭和26年法律第237号。以下「法」という。）に規定する税理士に対する懲戒処分及び税理士法人に対する処分（以下，「懲戒処分等」という。）の量定の判断に当たっては，Ⅱに定める不正行為の類型ごとの量定の考え方を基本としつつ，以下の点を総合的に勘案し，決定するものとする。 ①　不正行為の性質，態様，効果等 ②　税理士の不正行為の前後の態度 ③　懲戒処分等の前歴 ④　選択する懲戒処分等が他の税理士及び社会に与える影響 ⑤　その他個別事情 「また～勘案する」が削除されたことについて，総論的に規定するのではなく，次の第２において量定の具体的な判断要素となっています。 なお，Ⅱに定める量定の考え方によることが適切でないと認められる場合には，法に規定する懲戒処分等の範囲を限度として，量定を決定することができるものとする。

よくある疑問を徹底解説　2021/2発売

Q&A　海外出張・出向・外国人の税務〔第2版〕

中小企業にとって悩みの多い「海外出張・出向者の税務」を徹底解説。
コロナによる一時帰国の取扱い等も追加した好評書の第２版！

徳山 義晃・森村　元ほか 著　6778-6　A5判並製 264頁　2,860円

知らなかったではすまされない　2021/2発売

外国人雇用の在留資格判断に迷ったときに読む本

複雑な在留資格を雇用の観点からわかりやすく解説！
高度人材から技能実習・特定技能まで全ての業界に対応！
行政書士法人　シンシアインターナショナル 編
鶴野 祐二・山岸 隆浩・太田 洋子 著

6761-8　A5判並製　168頁　2,420円

的確な実務判断を可能にする

IFRSの本質　第Ⅰ巻〔改訂版〕

IFRS適用企業の財務諸表作成・監査実務において的確な判断が可能に。
固定資産と各IFRS設定の経緯の記述が充実した改訂版。

山田 辰己 著　6749-6　2021/1発売　A5判並製 568頁　6,490円

会計・ファイナンス入門〔第3版〕

会計とファイナンスの基礎固めに必須な項目を網羅し、コンパクトに解説した初学者のためのベーシックテキスト。

鯖田 豊則 著

6759-5　2020/10発売　A5判並製 200頁　2,420円

民法への招待〔第6版〕　2020/11発売

2020年債権法・相続法改正に対応！　文系・理系全分野の学習者に贈る最新民法入門書。各種大学校・研修機関のテキストとして最適。

田 真朗 著　6767-0　四六判上製 304頁　2,750円

【新装版】キャッシュ・フローの卵

―「会計」が苦手な人も読める本―

小田 正佳・西川 郁生 著

C/F計算書の基本的な構造から、身の丈に合った活用法を伝授。すぐに実践できる資金繰りのイロハを基礎からやさしく解説。

6756-4　2021/1発売　A5判並製 200頁　1,980円

明細書の書き方が一目でわかる

取引相場のない株式の評価　完全入門〔改訂版〕

税理士法人 平川会計パートナーズ 編著／平川　茂・若山 寿裕・小山 武晴 著

評価手順と明細書の記載方法がわかれば、株式評価の実務はもっと正確で効率的になる。ケーススタディを追加した改訂版。

6748-9　2021/1発売　B5判並製 208頁　3,520円

月刊　［毎月10日発売］

税経通信

情報を読み解くための多様な視座を提供する

1946年創刊。旬な問題を的確に捉え、各分野の専門家による税務実務と税務会計戦略の解説を掲載する専門雑誌。

標準定価　2,970円
年間購読料 36,000円（臨時号も付いてお得）
※　デジタル版も好評配信中（kindle, 他）

〒161-0033　東京都新宿区下落合2-5-13　http://www.zeikei.co.jp
TEL 03-3953-3325 ／ FAX 03-3565-3391

新たに追加された規定であり，法41条の２（使用人等に対する監督義務）に違反した場合と税理士法人において社員税理士が違反行為を犯した場合の量定の判断要素を具体的に示したもので，旧告示と比較して量定の判断基準が明確化されました。

第２　税理士の使用人等が不正行為を行った場合の使用者である税理士等に対する懲戒処分

１　税理士又は税理士法人の使用人その他の従業者（自ら委嘱を受けて税理士業務に従事する場合の所属税理士を除く。以下「使用人等」という。）が不正行為を行った場合における，使用者である税理士又は使用者である税理士法人の社員税理士（以下「使用者税理士等」という。）に対する懲戒処分は次に掲げるところによるものとする。

(1)　使用人等の不正行為を使用者税理士等が認識していたときは，当該使用者税理士等が不正行為を行っていたものとして懲戒処分をする。

(2)　使用人等の不正行為を使用者税理士等が認識していなかったときは，内部規律や内部管理体制に不備があること等の事由により，認識できなかったことについて当該使用者税理士等に相当の責任があると認められる場合には，当該使用者税理士等が過失によりその不正行為を行ったものとして懲戒処分をする。

なお，上記に該当しないときでも，使用人等が不正行為を行ったことについて使用者税理士等の監督が適切でなかったと認められる場合には，当該使用者税理士等が法第41条の２（使用人等に対する監督義務）の規定に違反したものとして懲戒処分をする。

２　税理士法人の社員税理士が不正行為を行った場合における，税理士法人の他の社員税理士に対する懲戒処分は次に掲げるところによるものとする。

(1)　社員税理士の不正行為を他の社員税理士が認識していたときは，当該他の社員税理士もその不正行為を行ったものとして懲戒処分をする。

	(2)　社員税理士の不正行為を他の社員税理士が認識していなかったときは，当該税理士法人の内部規律や内部管理体制に不備があること等の事由により，認識できなかったことについて他の社員税理士に相当の責任があると認められる場合には，当該他の社員税理士も過失によりその不正行為を行ったものとして懲戒処分をする。
第2　違反行為の異なるものが2以上ある場合 Ⅱに定める違反行為の類型の異なるものが2以上ある場合の量定は，それぞれの違反行為について算定した量定を合計したものを基本とする。	**第3　不正行為の類型の異なるものが2以上ある場合** Ⅱに定める不正行為の類型の異なるものが2以上ある場合の量定は，それぞれの不正行為の類型について算定した量定を合計したものを基本とする。
第3　税理士業務の停止期間 税理士業務の停止期間は，1月を単位とする。	**第4　税理士業務の停止期間** 税理士業務又は税理士法人の業務の停止期間は，1月を単位とする。
Ⅱ　量定の考え方	**Ⅱ　量定の考え方**
第1　税理士に対する量定 税理士に対する懲戒処分の量定は，次に定めるところによるものとする。	**第1　税理士に対する量定** 税理士に対する懲戒処分の量定は，次に定めるところによるものとする。
1　税理士が法第45条第1項及び第2項（脱税相談等をした場合の懲戒）の規定に該当する行為をしたときの量定の判断要素及び量定の範囲は，次の区分に応じ，それぞれ次に掲げるところによる。 (1)　故意に，真正の事実に反して税務代理若しくは税務書類の作成をしたとき，又は法第36条（脱税相談等の禁止）の規定に違反したとき。 税理士の責任を問い得る不正所得金額等（国税通則法第68条に規定する国税の課税標準等又は税額等の計算の基礎となるべき事実の全部又は一部を隠ぺいし，又は仮装したところの事実に基づく所得金額，課税価格その他これらに類するものをいう。以下同じ。）に応じて， 6月以上1年以内の税理士業務の停止又は税理士業務の禁止	1　税理士が法第45条第1項又は第2項（脱税相談等をした場合の懲戒）の規定に該当する行為をしたときの量定の判断要素及び量定の範囲は，次の区分に応じ，それぞれ次に掲げるところによる。 (1)　故意に，真正の事実に反して税務代理若しくは税務書類の作成をしたとき，又は法第36条（脱税相談等の禁止）の規定に違反する行為をしたとき。 税理士の責任を問い得る不正所得金額等（国税通則法第68条に該当する国税の課税標準等又は税額等の基礎となるべき事実の全部又は一部を隠ぺいし，又は仮装したところの事実に基づく所得金額，課税価格その他これらに類するものをいう。以下同じ。）の額に応じて， 6月以上2年以内の税理士業務の停止又は税理士業務の禁止

(2)　相当の注意を怠り，真正の事実に反して税務代理若しくは税務書類の作成をしたとき，又は法第 36 条の規定に違反する行為をしたとき。 　税理士の責任を問い得る申告漏れ所得金額等（修正申告書の提出等（国税通則法第 18 条に規定する期限後申告書若しくは同法第 19 条に規定する修正申告書の提出又は同法第 24 条に規定する更正若しくは同法第 25 条に規定する決定の処分）に係る所得金額等（所得金額のほか，課税価格その他これらに類するものを含む。）をいう。以下同じ。）に応じて， 戒告又は 1 年以内の税理士業務の停止	(2)　相当の注意を怠り，真正の事実に反して税務代理若しくは税務書類の作成をしたとき，又は法第 36 条の規定に違反する行為をしたとき。 　税理士の責任を問い得る申告漏れ所得金額等（国税通則法第 18 条に規定する期限後申告書若しくは同法第 19 条に規定する修正申告書の提出又は同法第 24 条に規定する更正若しくは同法第 25 条に規定する決定の処分に係る所得金額のほか，課税価格その他これらに類するものをいう。以下同じ。）の額に応じて， 戒告又は 2 年以内の税理士業務の停止
2　税理士が法第46条（一般の懲戒）の規定に該当する行為をしたときの量定の判断要素及び量定の範囲は，次の区分に応じ，それぞれに掲げるところによる。 (1)　法第33条の2第1項又は第2項（計算事項，審査事項等を記載した書面の添付）の規定により添付する書面に虚偽の記載をしたとき。 虚偽記載した書面の件数，虚偽記載の程度に応じて， 戒告又は 1 年以内の税理士業務の停止 (2)　法第37条（信用失墜行為の禁止）の規定に違反する行為のうち，以下に掲げる行為を行ったとき。 イ　自己脱税（自己（自己が代表者等である法人を含む。次のロにおいて同じ。）の申告について，不正所得金額等があるとき。以下同じ。） 旧告示の「代表者等」の「等」の明確化となります。 重加算税の対象となった所得金額等 不正所得金額等に応じて， 1 年以内の税理士業務の停止	2　税理士が法第46条（一般の懲戒）の規定に該当する行為をしたときの量定の判断要素及び量定の範囲は，次の区分に応じ，それぞれ次に掲げるところによる。 (1)　法第33条の2第1項又は第2項（計算事項，審査事項等を記載した書面の添付）の規定により添付する書面に虚偽の記載をしたとき。 虚偽記載をした書面の件数，虚偽記載の程度に応じて， 戒告又は 1 年以内の税理士業務の停止 (2)　法第37条（信用失墜行為の禁止）の規定に違反する行為のうち，以下に掲げる行為を行ったとき。 イ　自己脱税（自己（自己が代表者である法人又は実質的に支配していると認められる法人を含む。次のロにおいて同じ。）の申告について，不正所得金額等があるとき。以下同じ。）（上記 1 に掲げる行為に該当する場合を除く。） 不正所得金額等に応じて 2 年以内の税理士業務の停止又は税理士業務の禁止

ロ　多額かつ反職業倫理的な自己申告漏れ（自己の申告について，申告漏れ所得金額等が多額で，かつ，その内容が税理士としての職業倫理に著しく反するようなものをいい，イの場合を除く。以下同じ。）	ロ　多額かつ反職業倫理的な自己申告漏れ（自己の申告について，申告漏れ所得金額等が多額で，かつ，その内容が税理士としての職業倫理に著しく反するようなものをいう。以下同じ。）（上記１及び２（2）イに掲げる行為に該当する場合を除く。）

過少申告加算税の対象となった所得金額等

申告漏れ所得金額等に応じて， 戒告又は６月以内の税理士業務の停止	申告漏れ所得金額等に応じて， 戒告又は２年以内の税理士業務の停止
ハ　調査妨害（税務代理をする場合において，税務職員の検査を妨げる行為をしたとき。） 妨害の回数，程度に応じて	ハ　調査妨害（税務代理をする場合において，税務職員の検査を妨げる行為をいう。） 行為の回数，程度に応じて

筆者の個人的な見解ですが，「妨害」を「行為」に変えたことで，監督側の立場からすると，事実認定における解釈の幅が広くなる可能性があります。

１年以内の税理士業務の停止又は税理士業務の禁止	２年以内の税理士業務の停止又は税理士業務の禁止

「名義貸し」については，従来，法 37 条の信用失墜行為の禁止のカテゴリーであったところ，平成 26 年の法改正において，法 37 条の２（非税理士に対する名義貸しの禁止）として明文化されたことによって，新告示において以下のとおり名義貸しの形態を①「税理士業務を停止された税理士に対する名義貸し」を従来の信用失墜行為の禁止のカテゴリーの中の違反行為，②法 37 条の２として明文化された「非税理士に対する名義貸しの禁止」に区分しています。

税理士業務の禁止の処分を受けた者に対する名義貸しについては，当該処分によって欠格条項に該当し税理士となる資格を有しなくなるので，②に該当することとなります。

量定については，税理士業務の禁止が追加されて重くなりました。

ニ　名義貸し（法第 52 条又は第 53 条の規定に違反する者に自己の名義を使用させたとき。以下同じ。） 名義貸しを受けた者の人数のほか，違反行為の期間，名義貸しを受けた者の関与件数等に応じて， １年以内の税理士業務の停止	ニ　税理士業務を停止されている税理士への名義貸し（自己の名義を他人に使用させることをいう。以下同じ。） 名義貸しを受けた者の人数，名義貸しを受けた者が作成した税務書類の件数，名義貸しをした期間，名義貸しにより受けた対価の額に応じて ２年以内の税理士業務の停止又は税理士業務の禁止
ホ　業務け怠（委嘱された税理士業務について正当な理由がなく怠ったとき。）	ホ　業務け怠（委嘱された税理士業務について正当な理由なく怠ったことをいう。）

戒告又は６月以内の税理士業務の停止

日本税理士会連合会からの要望であった税理士会の会務運営の重要な財政的基盤となる会費の滞納者に対する処分の強化を受けて新設されました。

ヘ　その他反職業倫理的行為（上記以外の行為で，税理士としての職業倫理に反するようなことをしたとき。）
戒告，１年以内の税理士業務の停止又は税理士業務の禁止

98 頁の解説のとおり，旧告示においては法 37 条の信用失墜行為の禁止のカテゴリーに含まれていた名義貸しについて，名義貸しの形態を区分し「非税理士に対する名義貸しの禁止」については条文で明文化したことによって，量定基準も区分されました。

(3)　法第38条（秘密を守る義務）の規定に違反したとき
１年以内の税理士業務の停止又は税理士業務の禁止

(4)　法第41条（帳簿作成の義務）の規定に違反したとき
戒告

(5)　法第41条の２（使用人等に対する監督義務）の規定に違反したとき。
戒告又は１年以内の税理士業務の停止

(6)　法第42条（業務の制限）の規定に違反したとき
違反行為に係る関与件数等に応じて，
１年以内の税理士業務の停止又は税理士業務の禁止

(7)　上記以外の場合で法又は国税若しくは地方税の法令の規定に違反したとき

戒告又は１年以内の税理士業務の停止

ヘ　税理士会の会費の滞納（所属する税理士会（県連合会及び支部を含む。）の会費を正当な理由なく長期にわたり滞納することをいう。以下同じ。）
戒告

ト　その他反職業倫理的行為（上記以外の行為で，税理士としての職業倫理に反するようなことをしたことをいう。）
戒告，２年以内の税理士業務の停止又は税理士業務の禁止

(3)　法第37条の２（非税理士に対する名義貸しの禁止）の規定に反したとき。
名義貸しを受けた者の人数，名義貸しを受けた者が作成した税務書類の件数，名義貸しをした期間，名義貸しにより受けた対価の額に応じて
２年以内の税理士業務の停止又は税理士業務の禁止

(4)　法第38条（秘密を守る義務）の規定に違反したとき
２年以内の税理士業務の停止又は税理士業務の禁止

(5)　法第41条（帳簿作成の義務）の規定に違反したとき
戒告

(6)　法第41条の２（使用人等に対する監督義務）の規定に違反したとき
戒告又は１年以内の税理士業務の停止

(7)　法第42条（業務の制限）の規定に違反したとき
同条に違反して税務代理をした件数，税務書類を作成した件数，税務相談に応じた件数に応じて
２年以内の税理士業務の停止又は税理士業務の禁止

(8)　税理士業務の停止の処分を受け，その処分に違反して税理士業務を行ったとき
税理士業務の禁止

(9)　上記以外の場合で法又は国税若しくは地方税に関する法令の規定に違反したとき

戒告，1年以内の税理士業務の停止又は税理士業務の禁止	戒告，2年以内の税理士業務の停止又は税理士業務の禁止
第2　税理士法人に対する量定 税理士法人に対する処分の量定は，次に定めるところによるものとする。	**第2　税理士法人に対する量定** 税理士法人に対する処分の量定は，次に定めるところによるものとする。
1　税理士法人が法第48条の20（違法行為等についての処分）に規定する行為のうち，この法又はこの法に基づく命令に違反したときの量定の判断要素及び量定の範囲は，次の区分に応じ，それぞれ次に掲げるところによる。	1　税理士法人が法第48条の20（違法行為等についての処分）に規定する行為のうち，この法又はこの法に基づく命令に違反したときの量定の判断要素及び量定の範囲は，次の区分に応じ，それぞれ次に掲げるところによる。
(1)　法第40条の10（成立の届出等），第48条の13（定款の変更）又は第48条の19（合併）等，税理士法人固有の手続規定に違反したとき 戒告	(1)　法第40条の10（成立の届出等），第48条の13（定款の変更），第48条の18（解散）又は第48条の19（合併）に規定する届出をしなかったとき 戒告
(2)　法第37条（信用失墜行為の禁止）の規定に違反する行為のうち，以下に掲げる行為を行ったとき	(2)　法第48条の16において準用する法第37条（信用失墜行為）の規定に違反する行為のうち，以下に掲げる行為を行ったとき。
イ　自己脱税 法人の申告について，社員税理士等の行為により不正所得金額等が生じた場合に，当該法人の内部管理体制や内部規律の整備状況等のほか，当該行為に関与した者の人数や行為の態様に応じて， 1年以内の税理士業務の全部若しくは一部の停止又は解散	イ　自己脱税 不正所得金額等の額に応じて 2年以内の業務の全部若しくは一部の停止又は解散
ロ　多額かつ反職業倫理的な自己申告漏れ 法人の申告について，社員税理士等の行為により多額な申告漏れ所得金額等が生じ，かつ，当該行為の内容が税理士としての職業倫理に著しく反するような場合に，当該法人の内部管理体制や内部規律の整備状況等のほか，当該行為に関与した者の人数や行為の態様等に応じて， 戒告又は6月以内の税理士業務の全部若しくは一部の停止	ロ　多額かつ反職業倫理的な自己申告漏れ 申告漏れ所得金額等の額に応じて 戒告又は2年以内の業務の全部若しくは一部の停止
	ハ　税理士会費の滞納 戒告

(3)　法第41条（帳簿作成の義務）の規定に違反したとき	(3)　法第48条の16において準用する法第41条（帳簿作成の義務）の規定に違反したとき
戒告	戒告
(4)　法第41条の2（使用人等に対する監督義務）の規定に違反したとき	(4)　法第48条の16において準用する法第41条の2（使用人等に対する監督義務）の規定に違反したとき
戒告又は1年以内の税理士業務の全部又は一部の停止	戒告又は1年以内の業務の全部又は一部の停止
	(5)　業務の全部又は一部の停止の処分を受け，その処分に違反して業務を行ったとき 解散
(5)　上記以外の場合で法又は法に基づく命令に違反したとき 戒告，1年以内の税理士業務の全部若しくは一部の停止又は解散	(6)　上記以外の場合で法又は法に基づく命令に違反したとき 戒告，2年以内の業務の全部又は一部の停止又は解散
2　税理士法人が法第48条の20（違法行為等についての処分）に規定する行為のうち，運営が著しく不当と認められるときの量定の判断要素及び量定の範囲は，次に掲げるところによる。	2　税理士法人が法第48条の20（違法行為等についての処分）に規定する行為のうち，運営が著しく不当と認められるときの量定の判断要素及び量定の範囲は，次の区分に応じ，それぞれ次に掲げるところによる
(1)　社員税理士に，法第45条又は第46条に規定する行為があった場合に，所属する税理士法人の内部管理体制や内部規律の整備状況等のほか，当該行為に関与した者の人数や行為の態様に応じて，	(1)　社員税理士に，法第45条又は第46条に規定する行為があったとき（上記1(2)及び(6)に該当する場合を除く。） 当該行為を行った社員税理士の量定（複数の社員税理士が関与している場合には，それぞれの量定を合計した量定）に応じて，
戒告，1年以内の税理士業務の全部若しくは一部の停止又は解散	戒告，2年以内の業務の全部若しくは一部の停止，又は解散
(2)　上記以外の場合で運営が著しく不当と認められるとき	(2)　上記以外の場合で運営が著しく不当と認められるとき
戒告，1年以内の税理士業務の全部若しくは一部の停止又は解散	戒告，2年以内の業務の全部若しくは一部の停止又は解散

（参考：国税庁ホームページ「税理士に対する懲戒処分」）

【税理士の使用人等が不正行為を行った場合の使用者である税理士等に対する懲戒処分等】（新告示Ⅰ-第2-1-(1)(2)）

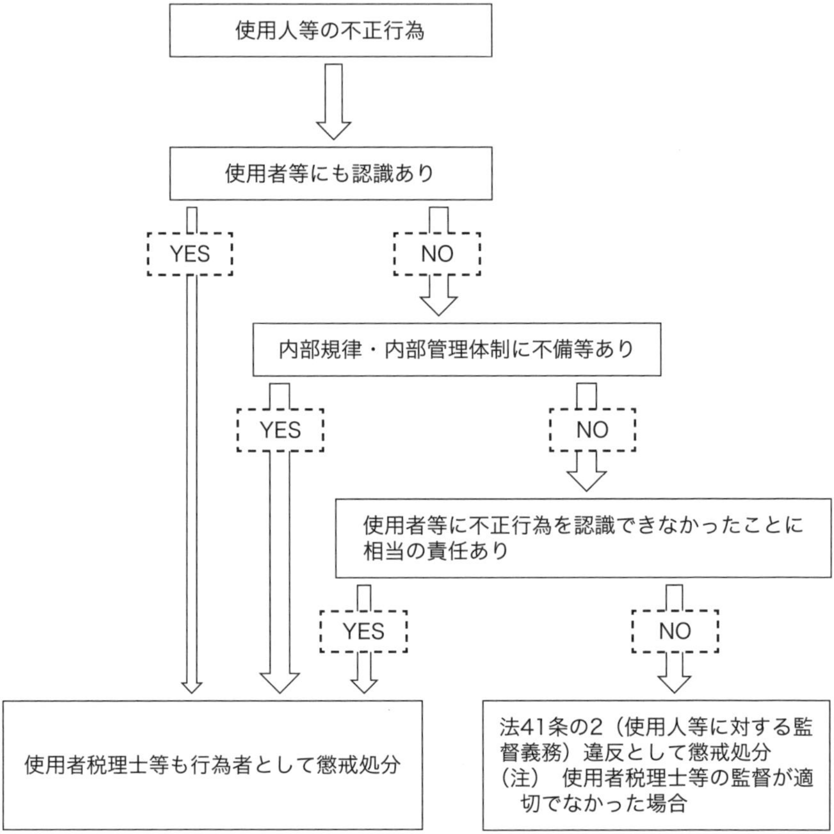

【社員税理士が不正行為を行った場合の他の社員税理士懲戒処分等】

（新告示Ⅰ-第2-2-(1)(2)）

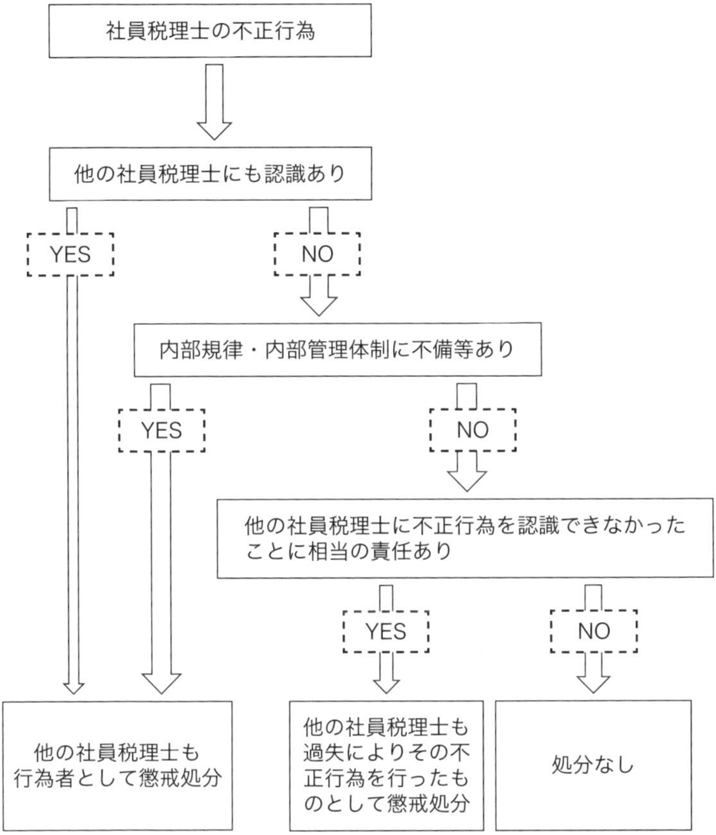

平成27年3月31日以前の違反行為に適用される量定基準と，同年4月1日以後の違反行為に適用される量定基準を比較した場合に見て取れることは，業務停止期間の上限が1年から2年に引き上げられたことや同じ違反行為でも処分期間の上限が実質的に長くなった処分や業務禁止処分が追加されたことであり，繰り返しますが，全体として処分が重くなっていると認められます。

(1) 総則に規定される量定の判断要素及び範囲における「懲戒処分等」

「等」について規定している基本通達等はありませんが，筆者の税理士専門官の経験から推察すると，税理士法に抵触しても違反行為の内容や規模が軽微な場合は，「処分」ではなく「行政指導」として税務署長からの「厳重注意」があります。

違反行為については，違反行為の軽重に関わらず個々の税理士について記録として残されていくので，「厳重注意」が重なってくると懲戒処分に至る可能性があるという解釈ができます。

(2) 旧告示の「懲戒処分等の処分歴」と新告示の「懲戒処分等の前歴」の違い

(1) 前問で「等」とは税務署長からの「厳重注意」という行政指導であろうと述べました。

行政指導は「処分」ではありませんが，旧告示における「懲戒処分等」に行政指導は含まれます。しかし，「処分歴」となると，過去の行政指導は「処分」ではないので，処分の可否判断において勘案されなくなります。そのことから，「処分歴」が「前歴」に改められたものと考えられます。

(3) 内部規律及び内部管理体制とは

内部規律とは，「業務の適正性・信頼性を確保するための内規」とされています。

雇用主と被雇用者の関係を規定する法律に基づくルール，業務遂行上の所内ルールを明示しているかどうか，加えて税理士は法律で公共的使命を担うことを求められ，かつ，守秘義務が課せられた業務の特殊性を反映した規定になっていることがポイントとなります。

ご購入ありがとうございました。ぜひ、ご意見・ご感想などをお聞かせください。
また、正誤表やリコール情報等をお送りさせて頂く場合もございますので、
E-mail アドレスとご購入書名をご記入ください。

この本のタイトル	

Q1　お買い上げ日　　　　年　　　月　　　日

ご購入方法　1．書店·ネット書店で購入（書店名　　　　　　　　　　）
　　　　　　2．当社から直接購入　　3．その他（　　　　　　　　　）

Q2　本書のご購入になった動機はなんですか？（複数回答可）
　1．タイトルにひかれたから　　2．内容にひかれたから
　3．店頭で目立っていたから　　4．著者のファンだから
　5．新聞・雑誌で紹介されていたから（誌名　　　　　　　　　　）
　6．人から薦められたから　　7．その他（　　　　　　　　　　）

Q3　本書をお読み頂いてのご意見・ご感想をお聞かせください。

Q4　ご興味のある分野をお聞かせください。
　1．税務　　2．会計・経理　　3．経営・マーケティング
　4．経済・金融　　5．株式・資産運用　　6．法律・法務
　7．情報·コンピュータ　　8．その他（　　　　　　　　　　）

Q5　カバーやデザイン、値段についてお聞かせください

①タイトル	1良い	2目立つ	3普通	4悪い
②カバーデザイン	1良い	2目立つ	3普通	4悪い
③本文レイアウト	1良い	2目立つ	3普通	4悪い
④値段	1安い	2普通	3高い	

Q6　今後、どのようなテーマ・内容の本をお読みになりたいですか？

ご回答いただいた情報は、弊社発売の刊行物やサービスのご案内と今後の出版企画立案の参考のみに使用し、他のいかなる目的にも利用いたしません。なお、皆様より頂いた個人情報は、弊社のプライバシーポリシーに則り細心の注意を払い管理し、第三者への提供、開示等は一切いたしません。

郵　便　は　が　き

料金受取人払郵便

落合局承認

4302

差出有効期間
2022年８月31日

（期限後は切手をおはりください）

１６１－８７８０

東京都新宿区下落合2-5-13

㈱ 税務経理協会

社長室行

お名前	フリガナ	性別	男　・　女
		年齢	歳
ご住所	□□□-□□□□　TEL　（　　　）		
E-mail			
ご職業	1．会社経営者・役員　2．会社員　3．教員　4．公務員 5．自営業　6．自由業　7．学生　8．主婦　9．無職 10．公認会計士　11．税理士　12．行政書士　13．弁護士 14．社労士　15．その他（　　　　　　　　）		
ご勤務先・学校名			
部署		役職	

ご記入の感想等は，匿名で書籍のＰＲ等に使用させていただくことがございます。
使用許可をいただけない場合は，右の□内にレをご記入ください。　　□許可しない

また，内部管理体制とは，「税理士事務所，税理士法人の全ての従事者が確実に適正な業務遂行ができる体制」とされています。

詳細については第８章で解説しますので参照してください。

2

量定基準の改正において実質的に処分が重くなった違反行為

法44条（懲戒の種類）の改正において，税理士業務の停止期間が「1年以内」から「2年以内」に改正された違反行為は同等の量定として含めていません。

違反行為		旧告示	新告示
適用条文	細目		
法37条 （信用失墜行為の禁止）	自己脱税 （不正所得の場合）	1年以内の税理士業務の停止	2年以内の税理士業務の停止又は税理士業務の禁止
	自己脱税 （申告漏れ所得の場合）	戒告又は6月以内の税理士業務の停止	戒告又は2年以内の税理士業務の停止
	税理士業務を停止されている税理士への名義貸し	1年以内の税理士業務の停止	2年以内の税理士業務の停止又は税理士業務の禁止
	業務け怠	戒告又は6月以内の税理士業務の停止	戒告又は1年以内の税理士業務の停止
法37条の2 （非税理士に対する名義貸しの禁止）		1年以内の税理士業務の停止	2年以内の税理士業務の停止又は税理士業務の禁止

3

罰則規定

税理士法の特定の規定に違反した場合は刑罰が科されることになります。これは，行政法規の違反が直接的に行政上の目的を侵害し，又は社会法益を侵害する場合に，刑法に定めのある刑罰（懲役，禁錮，罰金など）を科するという意味です。

法 58 条においては，平成 13 年の法改正で罰金の上限が 100 万円から 200 万円に引き上げられ，この脱税相談等の禁止を犯した者への罰金が，税理士法の最も重い罰則となっています。なお，本規定は，税理士法人及び国税局長から臨時に税務書類の作成を行うことの許可を受けた者に対しても本条による刑事罰が適用されます。

罰則について，実際に罰則が適用される可能性は低いと考えられますが，55 条調査にどのように対処するかの判断の参考にするために知識として重要なことを以下に解説します。

第 1 章第 2 節にて解説したとおり，国税，地方税，税理士法の規定に違反して禁錮以上の刑に処せられた場合には 5 年間，罰金の刑に処せられた場合には 3 年間，それぞれ税理士となる資格を有しないこととなります。

ここで留意しなければならないことは，税理士法上の懲戒処分を受けて最高の量定が税理士業務の停止で止まる懲戒事由であっても，罰則が適用されて「懲役刑」（たとえ執行猶予であっても）を受ければ 5 年間税理士登録を抹消されます。「罰金刑」であれば税理士業務の禁止処分と同等の 3 年間の登録抹消となります。

ここで伝えたいことは，罰則適用の可能性は低くとも怖い規定ですが，だからといって「ご無理ご尤も」の姿勢で 55 条調査に対処する必要はなく，「是々非々」で議論を尽くすことが大事であるということです。

(1) 法 63 条の罰則規定

法 63 条の罰則規定は，他の罰則規定とは適用の在り方が異なります。

同条は両罰規定といわれるものであり，概略としては違法行為の行為者と当該行為者の事業主の両方に罰則を適用するものです。つまり，事業主である法人又は個人の業務に関し，その法人の代表者又は法人若しくは個人の代理人，使用人その他の従業者が，

① 58 条（脱税相談等の禁止）

② 59 条 1 項 2 号（非税理士に対する名義貸しの禁止違反）

③ 59 条 1 項 4 号（税理士業務の制限違反，いわゆるにせ税理士）

④ 60 条 3 号（税理士法人に対する業務停止処分違反）

⑤ 61 条（税理士，税理士事務所，税理士法人，税理士会又は日本税理士会連合会の名称制限違反）

⑥ 62 条（監督を受けることに関する罰則）

に該当する行為をした場合に，その行為者を罰するほか，事業主である法人又は個人に対してもそれぞれに規定する罰則を科することを規定しています。

税理士が両罰規定により前記①から⑤までの罰則を科され懲役刑を受けた場合には，法 4 条 1 項 4 号の欠格条項に該当して税理士となる資格を有しないこととなります。

前記違反行為の免責規定として，旧税理士法64 条に「法人又は人の代理人，使用人その他の従業者の当該違反行為を防止するため当該業務に関し相当の注意及び監督が尽くされていたことの証明があったときは，その法人又は人についてはその限りではない」ことが規定されていました。当該条文は平成13年の法改正において削除されましたが，解釈として，規定がなくても相当の注意及び監督が尽くされていれば当然に免責されることとなっています。

実務的に考察すると，罰則規定が適用される確率はかなり低いのですが，規定

がある以上はリスクゼロではないので，予防措置として事務所独自の職員研修の実施や業務管理システム等の構築を各々の事務所の規模に応じて整備することが自らの業務を守ることになります。

(2)　それ以外の罰則規定

次表において，法 58 条から法 65 条までの罰則をまとめます。

適用条項	罰　則	違反条項	違反区分
法 58 条	3 年以下の懲役又は 200 万円以下の罰金	法 36 条 違　反	脱税相談等の禁止規定に違反したとき
法 59 条	2 年以下の懲役又は 100 万円以下の罰金	法 4 条 違　反	税理士になる資格につき虚偽の申請をし，その申請に基づき当該登録を受けた者であることが判明したとき
		法 37 条の 2 違反	非税理士に対する名義貸しの禁止規定に違反したとき
		法 38 条 違　反	秘密を守る義務規定に違反したとき
		法 54 条 違　反	
		法 52 条 違　反	税理士業務の制限規定に違反したとき
法 60 条	1 年以下の懲役又は 100 万円以下の罰金	法 42 条 違　反	業務の制限規定に違反したとき
		法 43 条 違　反	業務の停止規定に違反したとき
		法 45 条 法 46 条 違　反	税理士業務の停止の処分を受けた場合において，その処分に違反したとき
法 61 条	100 万円以下の罰金	法 53 条 違　反	名称の使用制限規定に違反したとき

法62条	30万円以下の罰金	法49条の19① 法55条① 違　反	監督上の措置規定に違反したとき
法64条	100万円以下の過料	法48条の19の2⑥ 違反他	虚偽報告他
法65条	30万円以下の過料	組合等登記令 違反他	登記を怠ったとき他

（「図解＆条文解説　税理士法」より一部加筆）

第5章

懲戒処分の推移と今後の予測

本章では，各単位会の税理士登録者数及び各国税局の監督実務担当者の員数比較を交えながら，懲戒処分件数の推移をみるとともに，懲戒処分の態様を分析することで業務遂行において特に注意すべきことを明確にします。

1

懲戒処分件数と量定の推移

懲戒処分の官報への公告は若干の日付のずれはありますが，基本的に毎年 1 月末日と 6 月末日となっています。

下表の処分件数については，会計年度（4 月～3 月）の集計になっており，例えば，令和元年度の処分件数は，令和元年 6 月と令和 2 年 1 月に官報に公告された処分件数の合計となります。

（単位：件）

項目＼年度	平成21	平成22	平成23	平成24	平成25	平成26	平成27	平成28	平成29	平成30	令和 1
禁止	7	11	8	5	5	13	5	11	7	9	17
停止	22	26	26	36	45	46	36	28	31	42	26
戒告	0	0	0	0	0	0	0	0	0	0	0
合　計	29	37	34	41	50	59	41	39	38	51	43

懲戒処分件数は，平成 26 年度（平成 26 年 6 月と平成 27 年 1 月の官報公告分）の 59 件をピークとして減少傾向にありましたが，平成 30 年度（平成 30 年 6 月と平成 31 年 1 月の官報公告分）が 51 件となり，処分件数が大幅に増加しました。

ここでは，税理士登録者数，監督当局の調査実務を担う税理士専門官と懲戒処分件数の推移を分析して，監督事務の今後を予測します。

2
税理士登録者数（各単位会）と各国税局の税理士専門官の員数

（令和３年４月末日現在，単位：人）

<table>
<tr><th rowspan="3">単位会</th><th rowspan="3">登録者数</th><th colspan="4">登録者数内訳</th><th rowspan="3">各国税局
税理士専門官
員数</th></tr>
<tr><th rowspan="2">開業税理士</th><th rowspan="2">社員税理士</th><th colspan="2">所属税理士</th></tr>
<tr><th>（開業）</th><th>（法人）</th></tr>
<tr><td>北 海 道</td><td>1,866</td><td>1,167</td><td>453</td><td>124</td><td>122</td><td>札幌局
2</td></tr>
<tr><td>東　　北</td><td>2,476</td><td>1,811</td><td>391</td><td>204</td><td>70</td><td>仙台局
2</td></tr>
<tr><td>東　　京</td><td>23,568</td><td>15,957</td><td>3,367</td><td>1,429</td><td>2,815</td><td rowspan="4">東京局
10</td></tr>
<tr><td>東京地方</td><td>4,963</td><td>3,790</td><td>634</td><td>373</td><td>166</td></tr>
<tr><td>千　　葉</td><td>2,530</td><td>2,060</td><td>292</td><td>128</td><td>50</td></tr>
<tr><td>小　計</td><td>31,061</td><td>21,807</td><td>4,293</td><td>1,930</td><td>3,031</td></tr>
<tr><td>関東信越</td><td>7,491</td><td>5,481</td><td>1,138</td><td>622</td><td>250</td><td>関東信越局
5</td></tr>
<tr><td>名 古 屋</td><td>4,674</td><td>3,087</td><td>794</td><td>446</td><td>347</td><td rowspan="3">名古屋局
5</td></tr>
<tr><td>東　　海</td><td>4,387</td><td>3,140</td><td>632</td><td>458</td><td>157</td></tr>
<tr><td>小　計</td><td>9,061</td><td>6,227</td><td>1,426</td><td>904</td><td>504</td></tr>
<tr><td>近　　畿</td><td>15,049</td><td>10,977</td><td>1,925</td><td>1,186</td><td>961</td><td>大阪局
6</td></tr>
</table>

北　　陸	1,416	966	274	116	60	金沢局 2
中　　国	3,178	2,294	440	308	136	広島局 3
四　　国	1,635	1,194	239	166	36	高松局 2
九州北部	3,399	2,374	525	310	190	福岡局 2
南 九 州	2,206	1,673	309	169	55	熊本局 2
沖　　縄	443	298	84	30	31	沖縄事務局 2
合　計	79,281	56,269	11,497	6,069	5,446	43

(出典：税理士界（令和３年５月15日付　日本税理士会連合会)，各国税局　10年職歴（株式会社税経））

これまで各章において「税理士専門官」という単語が出てきましたが，本章において「税理士専門官」について詳しく説明し，元税理士専門官としての私見ではありますが，本表から読み取れることを解説します。

国家公務員は「国家公務員の職階制に関する法律」により，職階制を前提として官職という言葉を使っており，官名とは，職務の一般的種類のことであり，国税の世界では「財務事務官」と称されています。次に，職名ですが，職は担当すべき職務の具体的範囲を示す呼称であり，税理士に一番身近な職名は，国税調査官，上席国税調査官，統括国税調査官，特別国税調査官といったものがあり，税理士専門官も税理士の指導監督を担当する職の名称です。

補足しますと，東京国税局の場合は，国税局内（税務署ではありません）の各部（徴収部，課税部，調査部，査察部）から税理士専門官として選抜されて２年間当該職務に従事しています。

続いて本表から推定されることについて説明します。

本表をみると，各国税局の税理士専門官の員数と国税局管轄内の税理士会の登録者数がバランスを欠いていることが一目瞭然で解ります。例えば，極端な比較になりますが，沖縄国税事務所と東京国税局を比較した場合に，沖縄税理士会の登録者数と東京国税局が管轄する東京税理士会，東京地方税理士会，千葉県税理士会の3会を合わせた登録者数を比較すると約70倍の違いがありますが，税理士専門官は5倍の開きしかありません。他の国税局の税理士専門官の員数と単位会の登録者数を比較しても，税理士登録者数を基準にして税理士専門官を配置しているものではないことが分かります。

以上のことから，本表から懲戒処分の今後を推測すると，税理士専門官の員数が増えると各単位会の懲戒処分を受ける税理士が増える可能性は高いと考えられます。その理由は，第6節の「懲戒処分の傾向分析」にて解説しています。

若干本論から外れますが，55条調査を行うに当たって，東京国税局は他の国税局よりも経験値が高いことから，事案の内容等によっては他の国税局の税理士専門官の身分を持たせて（「併任発令」といいます）共同で55条調査を行うこともあります。例えば，先ほどの比較のように，沖縄国税事務所管内の55条調査に東京国税局の税理士専門官に沖縄国税事務所の税理士専門官の辞令を交付して共同で調査するということです。筆者の現役時代にはなかった事務運営を行っており，このような手法も処分件数の底上げにつながっていると考えられます。

3

税理士登録者数（全国）の推移

昭和 35 年度（1961 年 3 月末日）を起点として，平成 27 年度（2016 年 3 月末日）までは 5 年間隔で登録者数を掲示しています。

昭和 35 年度から平成 7 年度までの 35 年間で登録者数は 51,662 人増加し，年平均で 1,476 名増加していますが，その後は 1 千名を大きく割り込んでいます。

（単位：人）

会計年度（3 月末）	登録者数	増減	増減（単年平均）
昭和 35 年度（1961 年 3 月末日）	10,888		
昭和 40 年度（1966 年 3 月末日）	15,827	4,939	988
昭和 45 年度（1971 年 3 月末日）	24,024	8,197	1,639
昭和 50 年度（1976 年 3 月末日）	32,436	8,412	1,682
昭和 55 年度（1981 年 3 月末日）	40,535	8,099	1,620
昭和 60 年度（1986 年 3 月末日）	47,342	6,807	1,361
平成 2 年度（1991 年 3 月末日）	57,073	9,731	1,946
平成 7 年度（1996 年 3 月末日）	62,550	5,477	1,095
平成 12 年度（2001 年 3 月末日）	65,144	2,594	519
平成 17 年度（2006 年 3 月末日）	69,243	4,099	820
平成 22 年度（2011 年 3 月末日）	72,039	2,796	559
平成 27 年度（2016 年 3 月末日）	75,643	3,604	721
平成 28 年度（2017 年 3 月末日）	76,493	850	
平成 29 年度（2018 年 3 月末日）	77,327	834	
平成 30 年度（2019 年 3 月末日）	78,028	701	
令和元年度（2020 年 3 月末日）	78,795	767	

（出典：国税庁ホームページ→税理士制度→税理士の登録者数）

4

懲戒処分の態様

国税庁ホームページに掲載されている,「税理士・税理士法人に対する懲戒処分等」(以下「処分リスト」と表記します) には, 平成 29 年 (2017 年) 6 月 30 日官報公告分までは, 処分を受けた税理士等の氏名又は名称, 登録番号, 事務所所在地, 処分の内容として違反行為の該当条項が記載されているだけで, 具体的な違反行為の内容までは掲載されておらず, 法 37 条 (信用失墜行為の禁止) や法 46 条 (一般の懲戒) のように処分理由が多岐にわたる違反行為についてはどのような行為によって処分されたのか判然としませんでしたが, 平成 30 年 (2018 年) 1 月 30 日官報公告より当該年度に処分を受けた税理士等に関しては具体的な違反行為が掲載されるようになりました。

なお, 処分期間が満了した税理士等については, 処分リストから削除されます。例えば, 業務停止期間が 3 か月であった場合には, 3 か月を経過すると処分リストから削除されることになります。

次表の項目ごとの違反行為の件数のカウントについて, 1 人の税理士が複数の違反行為を行っている場合で, 例えば, ある税理士が「信用失墜行為の禁止 (自己脱税)」違反と「非税理士に対する名義貸し」の違反行為によって懲戒処分を受けた場合に, 上位に位置する違反行為が「信用失墜行為の禁止 (自己脱税)」違反であると, 当該違反行為でカウントして,「非税理士に対する名義貸し」には含めていません。

令和元年度の処分件数が前年度比較で 9 件 (約 15 %) 減少していますが, その要因としては, 第 1 節の表のとおり,「禁止処分」が 9 件から 17 件と約 2 倍になっていることから, 調査において事実関係の確認等に事務量を費やしたことが原因の 1 つではないかと推測できます。

（単位：件）

項目 ＼ 官報公告			平成30年1月	平成30年7月	平成31年1月	平成30年度	令和元年6月	令和2年1月	令和元年度
法45条	不真正税務書類の作成	故意	8	8	6	14 (27%)	8	7	15 (35%)
		過失	1						
法37条の2	非税理士に対する名義貸し		7	4	9	13 (25%)	4	8	12 (28%)
法37条（信用失墜行為の禁止）	自己脱税		3	5	2	7 (14%)	3	1	4 (9%)
	多額かつ反職業倫理的自己申告漏れ			6	6	12 (23%)	4	3	7 (16%)
	業務け怠		2	1		1			
	その他反職業倫理的行為						1	1	2
法46条（一般の懲戒）	業務停止処分違反		1	1		1		1	1
	業務制限違反			1	1	2			
法48条の20（違法行為等についての処分）	運営が著しく不当				1	1			
法36条	脱税相談						1	1	2
合計			21	26	25	51	21	22	43

5

懲戒処分に関する報道

〈2015 年 9 月 22 日　日本経済新聞〉

「税理士懲戒 10 年で 3 倍」，「顧客奪い合い背景に」，「脱税指南や名義貸し」

〈2015 年 11 月 28 日　朝日新聞〉

「税理士の脱税関与頻発」，「処分急増・登録増え競争激化」

〈2015 年 12 月 5 日　毎日新聞〉

「懲戒処分最多　昨年度 59 件」，「顧客争奪　脱税指南も」

〈2015 年 12 月 30 日　産経ニュース〉

「脱税指南に名義貸し」，「不正で相次ぐ税理士摘発，懲戒処分も 10 年で 3 倍に」

2015 年に新聞等に報道が集中した背景は，118 頁の懲戒処分件数の推移を示した表を参照すると分かりますが，平成 26 年度（2014 年 4 月～2015 年 3 月）の懲戒処分件数が過去最高の 59 件となったことが背景にあると考えられます。

新聞報道等の報道の内容について，実情を承知している筆者からすると，報道各社は監督当局の発表を何ら検証もせず報道しているとしかみえません。

これらの新聞報道に関する筆者の個人的見解ですが，各紙とも「脱税指南」という強烈な表現を使っていますが，この類の新聞報道において使用される用語については，「申告漏れ」，「所得隠し」，「脱税」の 3 パターンがあり，その使い分けは次のとおりです。

「申告漏れ」は，過失による過少申告で，過少申告加算税を賦課された場合であり，「所得隠し」は，隠ぺい又は仮装行為による過少申告で，重加算税を賦課された場合であり，「脱税」は，査察調査の場合です。

筆者は，東京国局査察部で勤務した経験がありますが，税理士が脱税に加担しているケースはあるものの，1事務年度で数件程度であり，新聞報道にあるような頻度ではありません。

しかしながら，「所得隠し」レベルであれば，経営者から懇願されたり，自ら スキームを考えたりするケースもあることから，税理士に注意を促すために敢えて「脱税指南」という強いメッセージを出したのではないかと推測できます。

6

懲戒処分の傾向分析

まず，次表の解説の前に何点かお断りをします。

1点目は，平成14年度から同16年度の間の懲戒処分件数がブランクである理由は，筆者が東京国税局を退職した年が平成23年7月であり，現時点で当時のデータを確認する手段がないためです。

2点目は，国税専門官の員数について，前記の理由と同じく，平成30年度（平成30年8月現在）についての各国税局の税理士専門官の員数は各国税局の「10年職歴」（株式会社税経）から抽出して把握できていますが，平成29年度以前はデータ等がないことから東京国税局の税理士専門官の員数を参考値にしています。

3点目は，各項目の数字は懲戒処分件数の年度（会計年度）に合わせています。したがって，税理士登録者数と懲戒処分件数は集計時点が同じですが，税理士専門官の員数は国税当局の人事異動（7月）に合わせてカウントしています。

5にも関連しますが，一連の新聞報道に共通していることは，懲戒処分件数が激増した要因について，「競争の激化による顧客の奪い合い」が挙げられている点です。

しかしながら，筆者の実務経験及び独立開業してから始めた懲戒処分に関する相談における多くの事例からの私見では，「競争が激化して顧客を獲得するため，あるいは顧客を繋ぎとめるため」という要素はゼロではないと思いますが，実態としては，常に一定水準の懲戒処分に繋がる可能性のある事象は発生しており，それが懲戒処分として顕在化する原因として考えられることは，表現は適切ではないかもしれませんが，個々の税理士の「運の良し悪し」という要素が大きいと思われます。

「運の良し悪し」という意味は，例えば，懲戒処分の中で最も多い違反行為が

年度＼項目	税理士登録者数	懲戒処分件数	税理士専門官
平成 14	66,674		5
平成 15	67,370		5
平成 16	68,642		7
平成 17	69,243	18	7
平成 18	70,068	28	8
平成 19	70,664	19	8
平成 20	71,777	30	8
平成 21	71,606	29	8
平成 22	72,039	37	8
平成 23	72,635	34	9
平成 24	73,725	41	10
平成 25	74,501	50	10
平成 26	75,146	59	10
平成 27	75,643	41	10
平成 28	76,493	39	10
平成 29	77,327	38	10
平成 30	78,028	51	10

（出典：国税庁ホームページ「税理士・税理士法人に対する懲戒処分等」，国税庁ホームページ「国税庁リポート 2010，2011」，東京国税局　職員録　平成 14 年～平成 23 年度，東京税理士会　税務職員名簿　平成 24 年～平成 30 年度）

「不真正税務署類の作成」ですが，この「不真正税務書類の作成」は，税務調査が端緒となっており，仮に税務調査案件に税理士の責任部分があったとしても，課税庁の調査官が税理士法を頭に入れて仕事をしていなければ顧問税理士の税理士法上の責任追及まで発展する可能性は低いと思われます。あるいは，税務調査の処理を優先して税理士法上の問題点は追及しないといったことも考えられます。

逆に知識や経験が豊富な調査官であれば，税務調査においても税理士法違反を視野に入れながら調査をしているので，そのような調査官が担当になれば，税理士の故意のみならず，過失責任も問われる可能性が高いことになります。

国税の職場には全国で約5万6千人強の職員が在籍している中で，全員が同じレベルで税理士法を理解して，税理士法を念頭に置き，同じモチベーションを持って税務調査をしているかというと決してそうではありません。違反行為が内在している調査事案であっても，税理士法の知識が欠けたり，モチベーションの低い調査官であったりすると，違反行為があったとしても見過ごされてしまう可能性があります。

更に端的に表現すると，現場（税務署等）から情報が上がってこなければ税理士専門官も動きようがないということです。

前表から読み取れる客観的な事実は，①税理士登録者数は，平成20年度から平成21年度にかけては微減しているものの，基本的には一貫して増加している，②懲戒処分件数は平成20年度から平成26年度までは急激に増加しているが，その後3年間は急減している，③税理士専門官の員数は平成23年度（平成24年8月現在）までは漸増しているが，その後は増加していないということです。以上のような状況で，処分件数が10件前後上下しながら推移していることからも，必ずしも新聞報道にあるように懲戒処分の急増の背景が「競争激化」にあるとは読み取れません。

また，処分件数が平成19年度から増加傾向を示した要因としては，監督当局の調査執行体制等の変化にあると考えています。それは，以下の要素から推測できます。

(1)　税理士専門官の員数が増員されたことと併せて全国の国税局に税理士専門官が設置された

補足すると，筆者が現役の税理士専門官の頃（平成14年7月～平成16年7月）は税理士専門官が配置されていない国税局も複数ありました。

全国の国税局・国税事務所に税理士専門官が配置された年度に関しては，現時点で手元に資料がないことから不明ですが，処分件数が前年比10件ペースで増えた時期と同じ頃ではないかと推測しています。

(2) 税理士専門官の配置を税務署から国税局へ集約したことで情報の収集及び共有・分析・機動力等が上がった

この点については，東京国税局の例を挙げると，平成23年7月の人事異動から，税務署に配置していた税理士専門官を国税局の総務部総務課に配置換えをして，全員が1か所で仕事ができる体制となりました。

【東京国税局における税理士専門官の配置の変遷】

<table>
<tr><th>平成17年7月以前</th><th>平成22年7月以前</th><th>平成23年7月以降</th></tr>
<tr><td>千葉東</td><td>千葉東</td><td rowspan="9">東京国税局総務部総務課</td></tr>
<tr><td>神　田</td><td>神　田</td></tr>
<tr><td></td><td>芝</td></tr>
<tr><td>新　宿</td><td>新　宿</td></tr>
<tr><td></td><td>東京上野</td></tr>
<tr><td>豊　島</td><td></td></tr>
<tr><td></td><td>立　川</td></tr>
<tr><td>横浜中</td><td>横浜中</td></tr>
</table>

（出典：東京国税局　職員録）

7

今後の予測

懲戒処分件数と特定の指標との相関関係は認められませんが，第3章にて解説したとおり，国税庁の使命を達成するための最上位の3大目標の1つである，「税理士業務の適正な運営の確保」は，監督当局の「税理士法違反行為は見逃さない」という意思の現れとも考えられます。

この目標の注目すべき点は「税理士制度」ではなく「税理士業務」であることです。つまり，個々の税理士（法人）の業務について，適正な運営が行われるように監督するという意味です。

その根拠は，68頁に掲載した「国税庁リポート2007（平成19）年度版」」において，「税理士制度に対する国民の信頼を確保するため，国税庁は，税理士に対する指導監督を行っており」とあるとおりです。

今後の懲戒処分件数の傾向は，監督実務担当の税理士専門官の員数が増加すれば，処分件数も相関的に増加することは予測されますが，公務員の場合は，予算，定員，ポスト等が関係して簡単には増員できないことから当面は平成26年度の最高件数（59件）を目安として，今後大規模災害などの特殊事情がない限りは，10件前後の幅で上下して推移するものと予測します。

第6章

税理士法人固有の問題点とリスク分散

本章においては，税理士法人に対する懲戒処分に関連する法令等から懲戒処分における税理士法人固有の問題点を明らかにするとともに，税理士法人のリスクマネジメントの在り方を解説します。

各論に入る前に税理士法人の法的性格について確認します。

税理士法人は，税理士法に基づいて設立される，社員を税理士に限定した合名会社に準ずる特別法人とされています。

どのような法的性格の法人形態とするかという議論の中で，税理士法人は，公益法人のように公益を目的とするものでもなく，他方，株式会社等のように純粋な営利追求を目的としたものでもないことから，そのいずれでもない税理士法において特別に認められた形態とすることとされました（「税理士法逐条解説７訂版」)。

懲戒処分とは直接的な関係はありませんが，税理士法人制度創設の際の監督当局の税理士法人に対する認識を知っておくことは，税理士法人に対する懲戒処分への今後の対処，対策を考える上で必要になると考えられることから，以下の国会質疑抄を参考としてください。

国会質疑抄　平成 13 年 5 月 23 日
衆議院・財務金融委員会政府委員答弁

巨大税理士法人について

ただいま御指摘のございました寡占化の問題というのは，可能性としては否定できないだろうと思います。しかしながら，ただいま局長も申したとおり，税理士法人の場合には，他の社員の行為により委嘱した納税者に与えた損害，それに基づきます債務についても連帯無限責任を負っているということが１つ。それからまた，税理士業務においては，納税者との信頼関係，例えば守秘義務などというようなことが重要な要素になっているということなどを踏まえますと，多数の税理士を社員とする大規模な税理士法人が出現して寡占化が進むというおそれは，かなり低いのではないだろうとは想定しています。

ただ，いずれにいたしましても，制度創設後の実態も，我々は注視してまいりたいと思っているところでございます。

税理士法人の現状は，全国展開している税理士法人，多数の社員税理士を擁して税理士業務に派生する業務を行い大規模化している法人など，制度創設当初の監督当局の想定を超えた存在となっており，これらの大規模税理士法人の税理士懲戒処分に対する認識や備え及び監督当局の対処については常に考えておかなければならない問題だと思います。

1
税理士法人における懲戒処分に関連する諸規定

(1)　禁止及び義務規定

法 48 条の 3（名称）

税理士法人は，その名称中に税理士法人という文字を使用しなければならない。

法 48 条の 4（社員の資格）

1 項　税理士法人の社員は，税理士でなければならない。

2 項　次に掲げる者は，社員となることができない

1 号　第 43 条（業務の停止）の規定に該当することとなった場合又は第 45 条（脱税相談等をした場合の懲戒）若しくは第 46 条（一般の懲戒）の規定による税理士業務の停止の処分を受けた場合において，当該業務の停止の期間を経過しない者

2 号　第 48 条の 20（違法行為等についての処分）第 1 項の規定により税理士法人が解散又は業務の停止を命ぜられた場合において，その処分の日以前 30 日以内にその社員であった者でその処分の日から 3 年（業務の停止を命ぜられた場合にあっては，当該業務の停止の期間）を経過しないもの

法 48 条の 6

前条（第 48 条の 5（業務の範囲））に規定するもののほか，第 2 条の 2 第

1項の規定により税理士が処理できる事務を当該税理士法人の社員又は使用人である税理士（以下この条及び第48条の20第4項において「社員等」という。）に行わせることができる。この場合において，当該税理士法人の社員等のうちからその補佐人を選任させなければならない。

法48条の7（登記）

税理士法人は政令で定めるところにより，登記をしなければならない。

法48条の8（設立の手続）1項

税理士法人を設立するには，その社員になろうとする税理士が，共同して定款を定めなければならない

基通48-8-1（設立のために必要な社員数）

税理士法人の設立には，2名以上の社員が必要であることに留意する。

〈国会質疑抄〉

政府委員答弁

実は，2人というふうに法律には書いておりませんで，1人になったら解散するということから，2人以上というのがこの法律上には出ているわけでございます。

これは，今言った1人では共同化ということにはならないということ，もしお1人になったら，むしろ法人という形態をおやめになって，個人ではいつでも開業できるわけですから，個人で登録をしていただくということになるということかと存じます。

（平成13年4月5日参議院・財政金融委員会政府委員答弁）

（筆者注）法48条の2（設立）に，「税理士は，この章の定めるところによ

り，税理士法人（税理士業務を組織的に行うことを目的として，税理士が共同して設立した法人をいう。以下同じ。）を設立することができる。」と規定されています。

法 48 条の 8（設立の手続）3 項

定款には，少なくとも次に掲げる事項を記載しなければならない。

1 号 目的

2 号 名称

3 号 事務所の所在地

4 号 社員の氏名及び住所

5 号 社員の出資に関する事項

7 号 業務の執行に関する事項

法 48 条の 10（成立の届出等）1 項

税理士法人は，成立したときは，成立の日から 2 週間以内に，登記事項証明書及び定款の写しを添えて，その旨を，その主たる事務所の所在地を含む区域に設立されている税理士会（以下この章において「本店所在地の税理士会」という。）を経由して，日本税理士会連合会に届け出なければならない。

法 48 条の 11（業務を執行する権限）1 項

税理士法人の社員は，すべて業務を執行する権限を有し，義務を負う。

法 48 条の 12（社員の常駐）

税理士法人の事務所には，その事務所の所在地を含む区域に設立されている税理士会の会員を常駐させなければならない。

法 48 条の 13（定款の変更）2 項

稅理士法人は，定款を変更したときは，変更の日から 2 週間以内に，変更に係る事項を，本店所在地の税理士を経由して，日本税理士会連合会に届け出なければならない。

法 48 条の 14（社員の競業の禁止）1 項

税理士法人の社員は，自己若しくは第三者のためにその税理士法人の業務の範囲に属する業務を行い，又は他の税理士法人の社員となってはならない。

税理士法人の社員については，定款又は総社員の同意があったとしても，①勤務する税理士法人が行うはずの業務を個人的に受任する，②別の税理士法人の社員税理士となってその業務を行う競業は禁止されています。

また，定款に会計業務を法人の業務として行う税理士法人の社員税理士は，1 項の規定のとおり「自己若しくは第三者のためにその税理士法人の業務の範囲に属する業務」を行うことが禁止されているので，当該社員税理士が，会計業務を行う他の法人の無限責任社員又は取締役に就任して，その会計法人のために会計業務を行うことはできません。

〈国会議事録抄〉

政府委員答弁

制度論から申し上げますが，ご指摘のように，社員に対しましては，例外なく就業は競業禁止の規定が置かれております。これは二つの理由があろうかと思います。一つは税理士法人の事業上の秘密を保ち，利益衝突を避ける必要がある。つまり，法人の事業上の秘密で，自己又は第三者の利益を図り得る場合が出てくるのではないかという観点からの問題が一つございます。それからもう一つは，個人としても税理士が税理士業務を行うということになりますと，納税者のサイドから問題が出てまいります。つまり顧客といいましょうか，納税者サイドにとりまして，委嘱している相手方の立場が法人の社員なのか，個人の税理士なのか，大変あいまいになってまいりまして，法律関係といいましょうか，責任のとり方の面で顧客保護に欠ける面が出てくるのではなかろうかと思います。なお，監査法人についても，他の社員の承諾にかかわらず，競業が禁止されているところでございます。

（平成 13 年 5 月 23 日衆議院財務金融委員会）

法 48 条の 15（業務の執行方法）

税理士法人は，税理士でない者に税理士業務を行わせてはならない。

法 48 条の 18（解散）3 項

税理士法人は第 1 項第 3 号の事由以外の事由により解散したときは，解散の日から 2 週間以内に，その旨を，本店所在地の税理士会を経由して，日本税理士会連合会に届け出なければならない。

法 48 条の 18 の 3（清算結了の届出）

清算が結了したときは，清算人は，その旨を日本税理士会連合会に届け出なければならない。

法 48 条の 19（合併）3 項

税理士法人は，合併したときは，合併の日から 2 週間以内に，登記事項証明書（合併により設立する税理士法人にあっては，登記事項証明書及び定款の写し）を添えて，その旨を，日本税理士会連合会に届け出なければならない。

法 48 条の 19 の 2（債権者の異議等）2 項

合併をする税理士法人は，次に掲げる事項を官報に公告し，かつ，知れている債権者には，各別にこれを催告しなければならない。

法 48 条の 19 の 2　5 項

債権者が第 2 項第 3 号の期間内に異議を述べたときは，合併する税理士法人は，当該債権者に対し，弁済し，若しくは相当の担保を提供し，又は当該債権者に弁済を受けることを目的として信託会社等（信託会社及び信託業務を営む金融機関（金融機関の信託業務の兼営等に関する法律（昭和 18 年法律第 43 号）第 1 条第 1 項の認可を受けた金融機関をいう。）に相当の財産を信託しなければならない。ただし，当該合併をしても当該債権者を害するおそれがないときは，この限りではない。

(2)　税理士法人の業務の範囲

法 48 条の 5（業務の範囲）

税理士法人は，税理士業務を行うほか，定款で定めるところにより，第 2 条第 2 項の業務その他これに準ずるものとして財務省令で定める業務の全部又は一部を行うことができる。

施行規則 21 条（業務の範囲）

法第 48 条の 5 に規定する法第 2 条第 2 項の業務に準ずるものとして財務省令で定める業務は，財務書類の作成，会計帳簿の記帳の代行その他財務に関する事務（税理士業務に付随して行うもの及び他の法律において行うことが制限されているものを除く。）を業として行う業務とする。

基通48の5-1

税理士法人は，税理士業務に付随しないで行う財務書類の作成，会計帳簿の記帳の代行その他財務に関する事務について，他の法律においてその事務を業として行うことを制限されているものを除き，定款に定めるところにより，業務として行うことができることに留意する。

「懲戒処分」という視点で本規定を考察すると，開業税理士との懲戒処分の比較において意味合いが大きく異なることが分かります。

開業税理士の懲戒処分においては，「税理士業務の停止又は禁止」となっていて付随業務までは処分の対象に含まれません。

税理士法人にあっては，旧告示においては開業税理士と同じ内容の処分でしたが，新告示においては「業務の全部又は一部の停止」となり，定款に記載されている一切の業務ができなくなる可能性も出てきます。

(3) 懲戒処分に関連する税理士法人の解散

法48条の18（解散）

1項

税理士法人は，次に掲げる理由によって解散する。

6号

第48条の20第1項の規定による解散の命令

（※）第48条の20（違法行為等についての処分）

2項

税理士法人は，前項の規定による場合のほか，社員が1名になり，そのなった日から引き続き6月間その社員が2名以上にならなかった場合においても，その6月を経過したときに解散する。

前記（2）と同様に，本規定を「懲戒処分」の視点から考察した場合に，法人としての存続に関わる事態が発生する可能性があります。148 頁の解説を参照してください。

(4) 社員税理士になれない者

社員税理士となれない者は以下のとおりです。

① 税理士となる資格を有していても，税理士登録をしていない者

② 税理士が懲戒処分により，弁護士，外国法務弁護士，公認会計士，弁理士，司法書士，行政書士若しくは社会保険労務士の業務を停止され，又は不動産鑑定士の鑑定評価等業務を禁止されたことにより，その処分を受けている間，税理士業務を停止された者

つまり，前記の資格を有する税理士が，当該業法違反によって業務停止あるいは禁止の懲戒処分を受けたことにより税理士業務の停止処分を受けた場合ということです。

③ 税理士が，報酬のある公職に就いたことにより，その職にある間，税理士業務を停止された者

「報酬」とは，一定の役務給付の対価として与えられる反対給付のことであり，費用の弁償は含まれません（基通 24-1）。「公職」とは，概ね国会，裁判所，国の行政機関，都道府県及び市町村，地方自治法に規定する特別区，地方公共団体の組合，財産区及び地方開発事業団の全ての職をいい，その職は公選のものであるかどうかは問いません。ただし，国会又は地方公共団体の議会の議員の職及び非常勤の職その他一定の公職は除かれます（基通 24-2）。

国会議員の場合は，大臣等の職に就かない限りは対象となりません。また，平成 26 年の法改正により，国税又は地方税の賦課又は徴収に関する事務に従事する職以外の公職で国家公務員法その他の法令・条例又はその公職の服務に関する規範により，税理士業務との兼業が制限されていない職についても「公

職」から除外されました。

④　税理士が，脱税相談等をしたことにより，税理士業務の停止の処分を受けた者

禁止処分の場合は，税理士登録が抹消されて税理士ではなくなるので，当然に社員の資格はないことになります。

⑤　税理士が，税理士法又は国税若しくは地方税に関する法令の規定に違反したこと等により，税理士業務の停止の処分を受けた者

⑥　税理士法人が，違法行為等についての処分として，財務大臣の解散命令又は業務の停止を命じられた場合において，その処分の日以前30日内に当該税理士法人の社員税理士であった者で，①解散を命ぜられた場合においては，その処分の日から3年を経過，②業務の停止を命ぜられた場合においては，その業務の停止期間を経過しないと税理士法人の社員税理士となることはできません。

この措置の趣旨は，解散命令を受けた税理士法人の社員税理士が，すぐに新たに別の税理士法人を設立することができるとすれば，税理士法人に対する懲戒処分の効果を大きく減殺することになり，税理士法人に対する懲戒処分を設けた趣旨が失われることになるので，これを防ぐためのものです。

(5)「社員の常駐」とは

社員の常駐は義務であり，事務所の所在地を含む区域に設立されている税理士会の会員である社員税理士が，常時，税理士法人の業務を執行し，使用人等を監督できる状態にあることと考えられます。したがって，形式的な責任者を選任することを意味するものではありません。

税理士法人の事務所には従たる事務所（支店）を含み，各事務所に1人以上の社員税理士を常駐させなければなりません（基通48−12−1（従たる事務所の社員の常駐))。

〈国会質疑抄〉

政府委員答弁

これもやはり，法人債務について連帯無限責任を負う社員自らがその従たる事務所の業務を日常的に行うことによって，当該税理士法人の責任ある業務遂行能力が確保され，納税者，依頼者の保護に資するというふうに考えているからでございます。

（平成 13 年 4 月 5 日　参議院・財政金融委員会政府委員答弁）

2

税理士法人に対する懲戒処分

税理士法人に対する懲戒処分に関する規定については次のとおりです。

法48条の16（税理士の権利及び義務等に関する規定の準用）

第1条，第30条，第31条，第34条から第37条の2まで，第39条及び第41条から第41条の3までの規定は，税理士法人について準用する。

税理士法人に準用される禁止及び義務規定は次のとおりです。

① 法36条（脱税相談等の禁止）

② 法37条（信用失墜行為の禁止）

③ 法37条の2（非税理士法人に対する名義貸しの禁止）

④ 法39条（会則を守る義務）

⑤ 法41条（帳簿作成の義務）

⑥ 法41条の2（使用人等に対する監督義務）

⑦ 法41条の3（助言義務）

法48条の20（違法行為等についての処分）1項

財務大臣は，税理士法人がこの法律若しくはこの法律に基づく命令に違反し，又は運営が著しく不当と認められるときは，その税理士法人に対し，戒告し，若しくは2年以内の期間を定めて業務の全部若しくは一部の停止を命じ，又は解散を命ずることができる。

税理士との相違点は下記のようになります。

① 処分を受ける範囲

税理士の場合は「税理士業務」が処分の対象範囲となりますが，税理士法人にあっては「業務」，つまり定款記載の業務が処分の対象範囲となっています。

② 最も重い処分

税理士の場合は「税理士業務の禁止」（3 年間）となりますが，税理士法人にあっては「解散」となっています。

法 48 条の 20 第 2 項

第 47 条及び第 48 条の規定は，前項の処分について準用する

法 48 条の 20 第 3 項

第 1 項の規定による処分の手続きに付された税理士法人は，清算が結了した後においても，この条の規定の適用については，当該手続が結了するまで，なお存続するものとみなす。

この規定の趣旨は，違法行為等を行った税理士法人が懲戒処分を回避するために業務を廃止し，自主的に登録抹消して処分を回避することを防止するためです。

懲戒処分の予告が通知された後に清算結了しても，その場合には当該税理士法人は存続しているものとみなされます。

この点については，第 3 章第 3 節 **(5)** を参照してください。

法 48 条の 20 第 4 項

第 1 項の規定は，同項の規定により税理士法人を処分する場合において，当該税理士法人の社員等につき第 45 条又は第 46 条に該当する事実があるときは，その社員等である税理士に対し，懲戒処分を併せて行うことを妨げるものと解してはならない。

本規定は自然人たる税理士にとっては重要な意味を持つ規定であることから，社員税理士，所属税理士は常に念頭に置いて業務に従事すべきと考えます。

税理士法人にあっては，実際に税理士業務を行うのは税理士であることから，税理士法人が違法行為等を行った場合には，税理士法人に対しても一定の処分を行うとともに，その処分の原因となった違法行為等を行った当該税理士法人の社員税理士又は所属税理士に対しても税理士の立場において懲戒処分を行うことができることになっています。

(1)　社員税理士が懲戒処分を受けた際の留意点

社員税理士が業務停止あるいは業務禁止の処分を受けた場合には，法48条2項1号の規定により社員となることができなくなります。

したがって，税理士法人は最低でも2名の社員税理士が必要となるところで，社員税理士が7か月以上の業務停止処分を受けて税理士業務を行える社員税理士が1名となったときに，法48条の18（解散）2項の規定により解散事由が発生することから，税理士法人として税理士業務等を継続したい場合には6か月以内に社員税理士となる資格を有する税理士を社員税理士として迎えなければ解散せざるを得なくなることに留意してください。

法48条の18第2項

税理士法人は，前項の規定による場合のほか，社員が1名になり，なったその日から引き続き6月間その社員が2名以上にならなかった場合においても，その6月を経過したときに解散する。

137頁の国会質疑抄を参照してください。

(2)　税理士法人の支店が違法行為を行った場合

税理士法人の中には支店を設置して税理士業務を行っている法人もあります。

そのような法人で，例えば，主たる事務所の所在地を管轄する国税局と管轄地域の異なる支店において違法行為が行われた場合には，「税理士懲戒処分等事務取扱規程」3条（所轄国税局長への通報）の規定により，当該支店の所在地を管轄する国税局長から主たる事務所の所在地を管轄する国税局長に書面で通報することになっています（本取扱規程は，巻末に掲載していますので参照してください）。

通報を受けた国税局長は，同規定第4条1項の規定に基づき当該国税局長から国税庁長官に進達されることになります。

3

税理士法人における懲戒処分リスクと対策

懲戒処分における税理士法人固有のリスクとその対策について解説します。

(1) 開業税理士と税理士法人の処分の範囲の相違

旧告示（平成 27 年 3 月 31 日以前の税理士法違反行為）においては開業税理士と税理士法人で処分の範囲に違いはありませんでした。

つまり，個人，法人いずれの形態であっても，停止される業務の範囲は「税理士業務」であり，付随業務（会計業務，記帳代行）については業務として行うことができましたが，新告示（平成 27 年 4 月 1 日以降の税理士法違反行為）においては，税理士法人が停止の処分を受けた場合には，「業務の全部若しくは一部の停止」となり，税理士法人の業務として会計，記帳代行業務が定款に記載されている場合，「業務の全部の停止」となれば当該業務も停止されることとなります。

更に想定されるケースは，法 40 条の 20 第 4 項の規定で，税理士法人が懲戒処分を受けた際に行為者である税理士に対しても懲戒処分することを妨げないとされており，これまで税理士法人が懲戒処分に付された場合には，税理士も懲戒処分となっています。

過去の事例から類推すると，税理士法人が最も重い処分の「解散」となった場合には，税理士も同様に「税理士業務の禁止」処分となる可能性が高く，その場合には税理士登録も抹消されるので，収入という面を考えるとかなり厳しい状況に置かれます。

(2) 税理士法人が懲戒処分に備えるリスク分散

(1) でも述べたとおり，税理士法人が懲戒処分を受けた場合は「業務」の全部若しくは一部の停止又は解散となりますので，「業務」の中に記帳代行業務が含まれている場合は，全部の停止又は解散となった場合には収入がなくなるという可能性があります。

そのリスクを分散するために，記帳代行業務を税理士法人の定款に記載する事業目的とせず，別法人で処理することが考えられます。税理士及び税理士法人と会計法人の関係は，「名義貸し」と「にせ税理士」の問題がつきまとうので，慎重に業務遂行の仕組みを作り，業務分担を明確に区分し形式と実態に矛盾や食い違いがないようにすべきです。

この点については，第８章第４節を参照してください。

第7章

懲戒処分事例の検証

本章においては，懲戒処分事例の中から日常業務等において起こり得る事例や，日常業務でありがちな業務処理から懲戒処分に至った事例，及び通常業務からは想定できないことから懲戒処分に至った事例を検証することにより懲戒処分の未然防止に資することを目的として解説を進めます。

公開された事例の内容については，記載された事実関係の概要の中での検証であることから確度の高い判断が困難であることはご承知おきください。

1

不真正税務書類の作成

(1) 事例 1 故意による不真正税務書類の作成

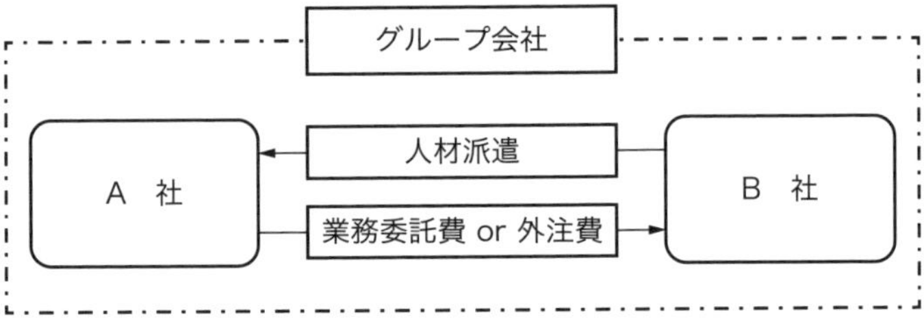

グループ会社間で上図の取引が行われていたところ，A 社の税務調査において，税理士が当該取引について消費税の課税仕入れとならない又は課税仕入れとならないおそれがあると認識していたにもかかわらず，当該支出を課税仕入れとして処理することによって，消費税及び地方消費税額を圧縮した真正の事実に反する申告書を作成したものと認定されて懲戒処分を受けた事例です。

① 本事例の検証

グループ会社間で業務委託契約あるいは請負契約を締結し，契約に基づいて人材を派遣して業務を処理するというスキームは様々な業種業態で行われていることだと考えられます。

本事例は，業務委託費あるいは外注費として計上し，仕入税額控除の対象にしていた支出が給与と認定されて，仕入税額控除を否認されたものと推定されますが，当該スキームは消費税の調査において問題となるケースが多く，架空経費を除き，ほとんどの場合は事実認定の問題，つまり契約業務における従事実態や業務処理の在り方等の事実認定が主になり，本事例のように重加算税を賦課されるケースは，筆者の国税調査官，査察官としての経験からも考えにくいことです。

本事例のポイントは，「消費税の課税仕入れとならない又は課税仕入れとならないおそれがあると認識していた」という表現です。

限られた概要説明からの推測ですが，「認識していた」という表現は，当該支出が課税仕入れとなる要件を具備しない客観的で明白な証拠はないが，断片的に不正行為をうかがわせる証拠あるいは事実関係が存在したことから，重加算税の賦課要件を充足できない部分を質問応答記録書で「当該処理に際して消費税の課税仕入れにならないことは認識していた」旨の税理士の回答で「故意性」を補完したのではないかと考えられます。

② 本事例から学ぶべき事項

グループ会社間での業務委託あるいは請負契約は違法な取引ではないことから，本事例のようなスキームを作る際は，業務委託，請負，外注として処理しても税務上否認されないように契約書といった形式的な要件や業務への従事，業務の遂行方法等の実態的な要件を構築することが肝要です。

本事例において，「故意による不真正税務書類の作成」として懲戒処分を受けた原因が，税務調査で重加算税を賦課されて，そのことについて税理士が不正行為であるとの認識を持って会計処理及び税務計算を行っていたという認定に基づいていることから考察すると，第一段階で，税務調査において当該案件が重加算税の賦課要件を満たしていたかどうかについて，税理士自身が判断し，調査官と徹底的に議論すべきでした。法人税，所得税，相続税，贈与税の各税目において，重加算税の賦課要件を規定した事務運営指針を理解し，頭に入れておくことが顧問先と自身の身を守る武器になります。

第二段階では，法55条に基づく調査において，懲戒処分が前提となる場合は質問応答記録書を作成します。その際に的確に自身の認識を回答できるかどうかが大きなポイントとなります。

(2) 事例２ 故意による不真正税務書類の作成

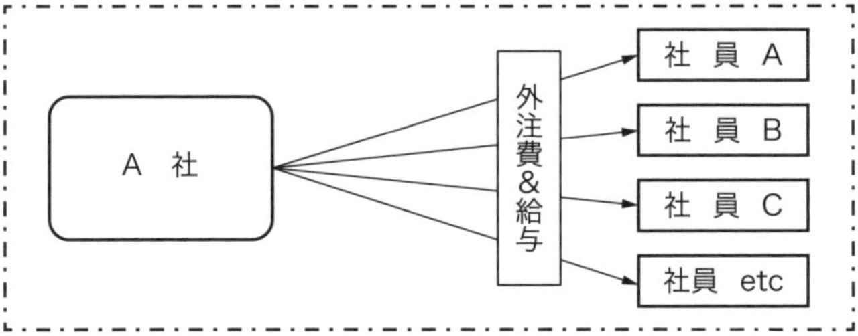

本事例は，A 社は社員に支払った報酬の一部を外注費として計上し消費税の課税仕入れとして処理していたところ，税務調査において当該部分は外注費ではなく給与であると認定され，消費税及び地方消費税額を圧縮した真正の事実に反する申告書を作成したものとして懲戒処分を受けた事例です。

このような会計処理をした背景は，事例の概要からは分かりかねますが，著者の国税調査官時代の経験から類似の事例を紹介します。

事案の概要は，本事例と同様に，ある会社が女性のパート社員に対する支払いの一部を外注費として処理していたもので，その背景は，女性パート社員の「配偶者控除の適用範囲内で働きたい」という意向を汲んでの処理でした。その事実が判明した端緒は，調査官が各種証憑等の現物確認をしていたところ，同一人物に対する 2 種類のタイムカードを発見し，その理由を追及したところ，給与計算用と外注費計算用にタイムカードを使い分けていたとのことでした。補足すると，給与の一部を外注費として貰っていた女性のパート社員は，外注費の部分は申告していませんでした。

処分事例に戻りますが，本事例は不真正税務書類の作成が「故意による」ものと認定されていますので，税理士も事実関係を認識した上で会計処理をしたと考えられますが，仮に会社側に前記の事案のような事情があったとすれば，会社側の立場は理解できなくもないでしょうし，あるいは単に会社が消費税の負担を免れたいがために，会社の依頼を受けてスキームを考案し会計処理を行ということも推察されます。

いずれにしても，自身の税理士法上のリスクを認識できていれば，自ずと税理士としてどのように対処すべきか考えれば分かるところです。

(3) 事例３ 故意による不真正税務書類の作成

事例３ 及び次の 事例４ については，日常の会計処理あるいは業務遂行において十分なチェックをしなければ誰でも懲戒処分に問われる可能性があることを示すために紹介します。

本事例の内容は，関与先の法人税の確定申告に当たり，決算期末に債務が確定していない費用を損金に計上したことで，法人及び消費税，地方消費税額を圧縮した真正の事実に反する申告書を作成したことが税務調査において認定されて懲戒処分を受けた事例です

本事例の処分事由は，記載のとおり「故意による」ものなので，会計処理が不正行為であることは税理士にも認識があったという認定を受けた結果の懲戒処分ですが，税務調査における当局の事実認定に無理がなかったかどうか疑問が残ります。

懲戒処分事由として，「決算期末に債務が確定していない費用」と記載されているとおり，処分事由が，決算期末に税負担を減らすために架空経費を計上したり，翌期に計上すべき経費を請求日を改ざんして計上したり，金額を水増ししたりというありがちな事由ではないところに税理士一般にとって本事例の怖さがあります。

債務確定の要件に関しては，法人税基本通達 2-2-12（債務確定の判定）に以下のとおり規定されています。

(1)　当該事業年度終了の日までに当該費用に係る債務が成立していること

(2)　当該事業年度終了の日までに当該債務について具体的な給付をすべき原因となる事実が発生していること

(3)　当該事業年度終了の日までにその金額を合理的に算定できること

つまり，簡記すると，①債務が成立していること，②相手方から給付（財貨の費消あるいは役務の提供）があったこと，③金額が合理的に算定できることが要件として満たされた場合に，未払金等として計上できるものと規定されています。

以上の要件を踏まえて検討すると，架空取引の認定ではないので，費用性のある取引は存在したが債務が確定しておらず，それを費用として計上したことが税務調査において不正行為と認定されて重加算税を賦課されたということは，前記要件の中で可能性が高い要素は，②ではないかと推測します。

つまり，財貨の費消あるいは役務の提供の約束はあり，それに基づいて金額の計算も可能であったが，財貨の費消あるいは役務提供が全くないにもかかわらず，一部あったかのように仮装したということが想定されるということです。

詳しい事実関係が分からない中での，あくまでも元国税調査官，税理士専門官の実務経験からの推測でしかありませんが，本事例のような事由で懲戒処分になるということは，数多の税理士にもそのリスクは十分にあると認識すべきではないかと考えます。

(4)　事例４　故意による不真正税務書類の作成

本事例は，税理士Ａが関与先法人の確定申告に当たり，架空の外注費を損金に計上することによって，所得金額を圧縮した真正の事実に反する申告書を作成したことが税務調査において認定されて懲戒処分を受けたものです。

①　本事例の背景

本事例の詳細については筆者が内容を承知しており，概要は次のとおりです。

顧問先の過去のある事業年度の当時の顧問税理士Ｂが，当該顧問先代表者から銀行融資を受ける必要があるとの理由で，決算を粉飾し売上を過大に計上して申告を行いました。

過大計上部分が売掛金として長年にわたって残されており，当該売掛金が計上された経緯を知らない後任の税理士Ａが，代表者から当該売掛金は回収できない債権なので利益がある今期に償却したい旨の依頼を受けました。

しかしながら貸倒引当金等で償却することができないことから，やむを得ず外注費を相手勘定として処理したものを税務調査により不正行為と認定されて重加算税が賦課され，当該会計処理及び申告が故意による不真正税務書類の作成と認定されて懲戒処分を受けました。

②　本事例の検証

55条調査の際に，税理士Ａが行った当該処理について，担当した税理士専門官は「売掛金を外注費を相手勘定にして消したことはやむを得ない処理としても，税務調整でその部分は所得に加算すべきだった」という指摘をしたとのことでした。

言葉を換えると，税額計算に影響を及ぼさなければ（過少申告にならなければ）問題にならなかったという意味だと考えられます。

粉飾決算は違法行為であり決して是認される行為ではありませんが，税額計算という観点のみで考えると，粉飾決算の際に税を過大に計算して申告しており，その誤った処理をどこかの事業年度の税務申告の際に是正する場合において，本来存在しない資産を消すことはよいがその処理を税額計算に影響させることは許されないという考え方に問題はないのか，また，そのような経緯を経てきた処理について，外注費を否認するとしても，単純に架空取引と認定して重加算税を賦課することが適切な処理なのかという疑問は残ります。

資料等の整理がきちんとできている顧問先やそうでない顧問先も存在する中で，決算時に資料が確認できなかった等の理由により便宜的に会計処理をすることも現実としてあることは十分に推察できます。

過去に便宜的に行った会計処理を是正する行為は日常業務においてあり得ることであり，過去の誤った処理あるいは証拠等が確認できずにやむを得ず便宜的にとった処理を是正することが場合によっては自身が懲戒処分に問われるリスクを負うことになるという事例が存在することは，十分に認識しておく必要があると考えます。

(5) 事例５ 過失による不真正税務書類の作成

事例５～事例７は，「過失による不真正税務書類の作成」で懲戒処分となった事例と，懲戒処分には至らなくとも，税理士専門官から厳しい追及を受けた事例ですが，いずれの事例も多くの税理士にとって身近な業務処理に懲戒処分のリスクが潜んでいることが分かるものです。

本事例は，関与先法人の確定申告に当たり，税理士として通常確認すべき書類等の確認等をすることなく，同社の代表者の説明に基づき，個人使用目的の物品購入のための支出を新聞図書費として損金に計上することにより，所得金額を圧縮した真正の事実に反する申告書を作成したことが税務調査において認定されて懲戒処分を受けたものです。

(6) 事例６ 過失による不真正税務書類の作成

本事例は，関与先法人の確定申告に当たり，税理士として通常確認すべき書類等の確認等をすることなく，同社の代表者が申し述べた金額で委託手数料を損金に計上することにより，所得金額を圧縮した真正の事実に反する申告書を作成したことが税務調査において認定されて懲戒処分を受けたものです。

(7) 事例７ 過失による不真正税務書類の作成

関与先法人の確定申告に当たり，法人の役員から口頭による仕入金額の説明を受けたところ，その仕入れに係る支払事実等を何ら確認することなく，説明を受けた根拠のない金額を仕入れに計上するなど，税理士として相当の注意を怠った結果，所得金額を不正に圧縮した申告書を作成したことが税務調査において認定されて懲戒処分を受けたものです。

① 類似の相談事例

筆者が相談を受けた案件の中で，調査手続きに瑕疵があったことから懲戒処分には至りませんでしたが，類似の内容で監督当局から厳しい追及を受けた事例として，前期に「仮払金」として貸借対照表に残っていた支払いを，代表者から口頭で「仕入れ」である旨の説明を受けて，当該取引に係る書類を確認せずに会計処理をして申告したところ，税務調査の際に当該支出は代表者が経営する別会社に対する貸付金であったことが判明し，科目仮装を理由に重加算税が賦課されたことが55条調査の端緒になった事例です。

② 「過失による不真正税務書類の作成」についての疑問点

懲戒処分に至らなかった事例を含めて3件の事例を示しましたが，税理士法上の過失責任が問われる局面において，税理士が税務申告書等の税務書類を作成する過程において，税理士法上の責任をどの範囲まで負わなければいけないかという点に大きな論点があると考えられます。

特に，事例４及び事例５については処分事由の中に「税理士として通常確認すべき書類等の確認をすることなく」とありますが，法人のみならず個人事業主においても自ら会計帳簿を作成している顧問先もあり，そのような顧問先の税務申告においては，税理士は決算修正，税務調整を行って申告書を作成，提出するケースがほとんどであろうと考えられます。

会計業務は税理士業務の付随業務としての位置付けであり，「税理士として通常確認すべき書類等」の範囲が法令，通達上も明示されていないところで，懲戒処分に至る事由が事実認定に基づいて行われているとすれば税理士にとって大きな脅威であると考えられます。

この視点から注意を要する業務形態として，昨今，インターネットを利用した集客手段として，低料金で「年一決算のみ」と称して申告期限直前に１年（期）分の領収書，請求書等を預かって入力処理して確定申告書の作成，提出まで行うビジネススキームがありますが，このような方法で確定申告した事業者が税務調査を受けて不正行為が発見された場合，あるいは，多額の修正申告をした場合に，申告期限間近になって１年分の原始記録を入力するとなると，内容の精査までは困難であることから，「税理士として通常確認すべき書類等の確認をすることなく」という理由で懲戒処分になる可能性も高いと考えざるを得ません。

あるいは，特に個人事業主に多い傾向がありますが，多くの顧問先を抱える税理士事務所等で「年一決算」と称して，確定申告期に１年分の収支計算を行って確定申告を行うことも同様のリスクがあると思わざるを得ません。

2

信用失墜行為の禁止

(1) 業務け怠

業務け怠の事例としては，平成30年1月以降，複数の税理士が同じ行為で処分されており，いずれも「関与先である複数者の所得税並びに消費税及び地方消費税並びに複数社の法人税並びに消費税及び地方消費税の確定申告について，これらの確定申告書の作成や提出等の税理士業務の委嘱を受けていたにもかかわらず，申告書の作成作業の遅れ等により，正当な理由なく法定申告期限までの提出を怠り，その結果関与先に対して無申告加算税の賦課等の損害を与えた」ことが処分事由となっています。

更に，前記の事例の中に「関与先である複数名の所得税の確定申告に当たり，法定申告期限に間に合わせるために，相当の収入があると認識していながら，収入金額に根拠のない金額を記載して確定申告書を作成し，提出した」ことも違反行為として追加された事例が1件ありました。

(2) 「期限後申告」についての考察

法37条の「信用失墜行為の禁止」規定は「税理士の信用又は品位を害するような行為をしてはならない」とあるとおり包括的な規定になっており，平成29年6月以前の官報公告では，単に「信用失墜行為の禁止」規定に違反したので懲戒処分になったことしか分かりませんでしたが，平成30年1月以降の官報公告からは国税庁のホームページにおいて当該公告分の被処分者について，違反行為の概要が分かるようになったことから，信用失墜行為に当たる「業務け怠」の中に「期限後申告」が該当することが分かりました。

平成26年6月以前の処分事例の中にも同じ事由で懲戒処分になった税理士が存在したことは十分に考えられる中で，「期限後申告」が懲戒処分になる可能性があるという事実は重く受け止めなければならないと考えます。

懲戒処分となるからには，期限後申告の件数，期限後申告を行った年数など定量的な分析の上の結果だと考えられますが，法人及び個人の関与件数と職員数，職員のスキルなどで同様の懸念を抱えながら業務を行っている事務所は職員数を増やす，顧問先を減らすなどの対応策を講じることも懲戒処分を受けないための選択肢として考えられます。

(3)　その他反職業倫理的行為

本事例において処分を受けた税理士は，「独立行政法人○○○○機構が実施する『認定支援機関による○○○○支援事業』において，当該事業の要件である支援先企業からの計画策定費の支払いを適正に受けていないにもかかわらず領収書を発行するとともに，補助金を申請する際に業務従事時間を過大に積算することによって，支援先企業に係る補助金を不正に受給していた」ことが処分事由となっています。

本事例がどのような経緯を経て補助金の不正受給が発覚したかは不明なので軽々に論評することは控えますが，1つだけ言えることは，「補助金の不正受給」は刑事告発を受ける可能性が高いということです。

その他として，懲戒処分ではありませんが，公共事業の入札資格を得るため，顧問先が融資を受けるためなどの理由から，決算書及び申告書を偽造し有印私文書偽造，同行使の罪に問われた事例や，税務署の受付印（収受印）を偽造して公印等偽造罪及び公印等不正使用罪で執行猶予付きの有罪判決を受けたことによって税理士登録を抹消された事例もあります。

税理士が刑事告発を受けて有罪判決が確定すれば，法４条（欠格条項）１項６号「国税又は地方税に関する法令及びこの法律以外の法令の規定により禁固以上の刑に処せられた者で，その刑の執行を終わり，又は刑の執行を受けることが亡くなった日から３年を経過しないもの」に該当して，税理士となる資格を有しなくなります。

難関資格の１つである税理士資格を有する者として，刑事罰の可能性がある行為の判別は可能でしょう。そのような行為には如何なる理由があろうと関与してはなりません。

3

その他

開業税理士が，信用失墜行為の禁止違反の「多額かつ反職業倫理的自己申告漏れ」として懲戒処分に問われる可能性がある行為として，所得税の確定申告の際に，①確定申告をしても源泉所得税が還付になるので，地方税の申告と国税（税務署）は消費税のみを申告していた。②確定申告をしても源泉所得税が還付になるので，毎年法定申告期限を徒過して，いわゆる「期限後申告」を繰り返していたというものがあります。

毎年度のように，少ないながらもこのような事例が発生していることに驚きを覚えます。税理士は，自らの税務申告を「源泉所得税の還付だから」という安易な考え方を持つべきではないことを教訓とすべきではないかと考えます。

第 8 章

懲戒処分を未然に防ぐために

本章では，「未然防止が最善の対策」であるとの視点から，懲戒処分事例を基に日常業務を遂行する際に留意すべきことや日税連等の指針等を参照し，懲戒処分リスクを最小限に抑えるために個々の税理士事務所，税理士法人の実情に即した未然防止対策を講ずるための参考に資することを目的とし解説をしていきます。

税理士に対する懲戒処分について，税理士法逐条解説に記載されている法45条（脱税相談等をした場合の懲戒）の解説に，「懲戒処分は税理士に対する不利益処分をもたらす処分であるから，その懲戒処分を受けることとなる事由（懲戒の構成要件）は，法律で明確化されていなければならない」とあるとおり，同法で構成要件は明確に規定されています。

しかしながら，個別案件における事実認定に基づいて下される行政指導あるいは行政処分の判断に関しては，法律は一般的な基準しか規定していないので，行政庁の裁量が働く余地が生じます。

つまり，法令の解釈や運用に関する行政庁内部のガイドライン及び過去の事例の蓄積などから，その判断に至るまでのプロセス（調査）において，現場で調査に従事する税理士専門官と上司である税理士監理官が個別案件について違反と想定される個々の行為の事実認定に関して客観的，具体的な証拠，状況証拠などを当てはめて総合的に勘案し，法令の枠内で一定の判断を行っているために，そこに行政裁量の余地が生じる可能性があるということであり，重要なポイントは，事実認定における行政裁量の問題です。

何をもって名義貸しと認定するのか，何をもって脱税相談に関与したと認定するのか，何をもって業務をけ怠していると認定するのかなどの，個々の違反行為において認定の元となる客観的，具体的な証拠と状況証拠のバランスはどうなっているのか，税理士の認識はどうなのかといった事実を認定するための要素に行政裁量が働く可能性があるという意味です。

行政裁量は税務調査においてもないとはいえませんが，税務調査は長い年月と審査請求や訴訟などの事例の蓄積があることから，行政裁量の振れ幅はそれほど大きくはないと思います。しかし，税理士に対する行政処分の要否の判断に至る55条調査においては，推測にはなりますが，事例の蓄積が税務調査と比較すると圧倒的に少ないことや訴訟で争われた事例がないに等しい（ゼロではないです）ことに相まって，55条調査に関する税理士側の知識・経験がないことから，論点の所在や税理士専門官の狙い，質問の趣旨等が分からないので税理士専門官の質問に適切な回答ができない等の理由から，行政裁量が大きく働く余地が生じていると感じます。

本章においては，税理士業務で必要な様式や手続きなどは日本税理士会連合会（以下，「日税連」と略記します）業務対策部において公開されているモデルを引用しています。また，就業規則等に関しては厚生労働省が作成した雛形を引用しています。

1

日常業務で注意すべき事項

日常業務の中で，税理士が懲戒処分を念頭に置きながら事務処理を行っていることはほとんどないと思われますが，懲戒処分に繋がるリスクは日常業務に潜んでいます。

よって懲戒処分リスクを念頭に置きながら税理士業務を遂行することが自身の仕事を守ることになります。

(1) 税務調査への対処

懲戒処分に至る事由の中で最も多い件数を占めるものは，税務調査が端緒となる「不真正税務書類の作成」と信用失墜行為の禁止に含まれる「自己脱税」（第5章第4節参照）です。

したがって，顧問先への税務調査あるいは自身の税務申告について受ける税務調査への対処の在り方は，懲戒処分を未然に防ぐための最重要ポイントといえます。

つまり，顧問先の税務調査であろうが自身が受ける税務調査であろうが，税務調査の結果によっては修正申告の内容について故意あるいは過失責任が問われる可能性があることを念頭に置いて税務調査に立ち会うことが，自らの資格を守るための「イロハのイ」という認識を持つことが重要です。

実際にあった複数の事例で，俗な表現をすれば，「金（追徴課税）で済むなら」という認識で修正申告に応じた結果，懲戒処分に問われた事例があります。

このような事例の共通項としては，税務調査における課税庁の指摘に十分に納得したわけではないものの，税務署と事を荒立てたくないから，税務調査のストレスに耐えられない社長に修正申告を懇願された，自身の体調が芳しくなく早く調査を終わらせたかった等の様々な理由によって修正申告に応じた結果が懲戒処分ということになったもので，税理士は，修正申告は「金（追徴課税）だけの問題で終わらない」という認識を強く持つべきです。

本章において，税務調査への「対処」としていますが，税務調査は個々の態様が千差万別であり，国税調査官も調査能力はそれぞれであり，個々の税務調査においての対処の仕方を述べる紙幅もありませんので，ここでは，調査に臨む基本的な意識の持ち方をお伝えします。

①　顧問先の税務調査時の対処

(i)　修正申告の勧奨への対処は慎重に

顧問先の税務調査において，修正規模が大きかったり重加算税の賦課の要否が論点になる等の理由で税務調査が長引いたりした場合に，顧問先の代表者が精神的に疲弊して，代表者から「税金は何とかするから早く調査を終わらせてほしい」と要望されたりすることがあります。

代表者の精神状態や調査に対する認識は重要ですが，税務当局の指摘に税理士として納得できない点があった場合にどのような対処をするか，また，修正事項の中に税理士に責任が及ぶ項目が含まれていないかどうかを見極めるといったことが非常に重要となります。

税務当局の指摘に納得できない部分がありながら，代表者の意向に沿って税務調査の早期解決を図るとしても，指摘事項に税理士に責任が及ぶ項目があれば，後日，税理士自身が55条調査を受けるリスクがあることを念頭に置いて対処方法を考えなければなりません。

税務調査の過程で，調査官の中には税理士に対して税理士法上の責任を匂わせて税務調査を有利に展開しようとする調査官もいます。

(ii) 税理士に対する質問応答記録書に注意する

実際にあった事例ですが，調査官から「先生の質問応答記録書がないと調査が終わらない，これ（質問応答記録書）はここだけのものにするので署名押印に応じてほしい」という趣旨のことを言われて，代表者からも税務調査の早期終結を懇願されていたこともあり，この場（税務調査）限りで済むのであればという気持ちで質問応答記録書に訂正を求めることなく署名押印したところ，当該質問応答記録書が端緒となって税理士法上の調査を受けて懲戒処分となったケースがあります。

このような事例は稀だとは思いますが，税務調査時に，税理士自身に対して質問応答記録書への対処を求められるということは，重加算税を賦課する必要性から調査官が上司から指示されて質問応答記録書を作成していると考えられます。これは，税理士が不正行為に加担しているということを証拠にするためであり，回答に当たっては，何度も述べたとおり嘘や回答拒否はできませんが，表現の仕方には十分気を付けながら回答すべきであることに留意してください。

② 自身の税務調査時の対処

自身の税務調査においては，顧問先への税務調査とは異なる意識の持ち方をしている税理士が多いように感じられます。

一定規模の額を超えた修正申告をした場合は，過少申告加算税の場合でも税理士専門官の調査を受けます。

税理士の修正申告において，顧問先に対する税務調査以上に「金（税金）で済む問題ではない」という認識をもって税務調査に対処することが肝心です。

筆者が相談を受けた中で，指摘事項に納得したわけではないが税理士として税務当局と事を構えるのも如何なものかという，意識や金（税金）で済むことなら調査を長引かせるより早く終わらせたほうがよいという判断で修正申告をした結果，懲戒処分になった事例もあります。

「安易」という表現は適当ではないかもしれませんが，このような認識で修正申告の勧奨に応じるべきではなく，個人的な意見としては，懲戒処分のリスクを考えた場合に，課税庁の指摘事項に納得がいかなければ更正処分で争うことも選択肢の1つです。

(2) 事務管理

① 使用人等の監督義務の観点から

第1章でも触れましたが，使用人等に対する監督義務が法律で課せられている士業は税理士だけです。

顧問先が多く，事務所の職員が担当を持って業務処理を行っている事務所にありがちなケースで，職員と顧問先の関係において，所得を下げるために売上を除外したり，経費を繰り延べたりという類の要求，相談や必要経費としての相当性の判断が難しい支出を必要経費に計上することを求められたり，これらのことを所長（税理士）に報告せずに会計処理を行い，その後の税務調査で不正が発覚した事案や，職員が自身のミス（手続きのミス・計算ミス等）を隠ぺいするために所内のチェックを経ずに申告書等を提出し，税務調査によって当該職員の「にせ税理士行為」が発覚した事案，職員が事務所の機器を使用して知人等の確定申告書を作成し，収入を得ていた事案などがあります。

また，勤務年数が長く実務経験も豊富でスキルの高い職員，俗に言われている「番頭さん」の仕切りで日常業務が運営されている事務所において，所長（税理士）の知らないところで税理士の責任が問われかねない事態が発生した事案もあります。

以上のケースからいえることは，シンプルですが日常の報告，連絡，相談の意識を職員に植え付けること，税理士は顧問先を担当職員に任せきりにしないことなどが大事です。

使用人等の監督のために有効な方法として，日税連においては以下のとおり例示しています。

〈使用人等の監督のため有用と考えられる定型書式等〉

イ　業務日報，週報，月報の作成

使用人等が，何時，どの委嘱者に訪問又は連絡し，何の業務を行い，どのような相談を受け，それに対してどのような回答等をしたか等を把握する。

ロ　関与先台帳

税理士事務所等の全員が，委嘱者からの問い合わせへの対応や担当変更によるトラブル等の未然防止の観点から委嘱者の必要最低限の情報を共有する。

ハ　問い合わせ回答書

委嘱者からの電話・メールや来訪のうち，即答できず，個別の回答を要するような問い合わせ等に対して，いつ誰がどのような回答をし，どのような処理をしたのかを記録し蓄積する。上記の情報等は，単に蓄積するだけでなく，必要に応じて業務の参考資料として引き出せるようにする。

ニ　電話・来訪記録

ハに該当しないような事務的な電話や来訪の記録を残し，委嘱者に対して，いつ，誰と，何を連絡したかといったことに関する資料とする。

ホ　郵送物，ファックス，メール等の発送記録

郵送物，ファックス，メール等の発送記録を残し，委嘱者に対し何の資料等をいつ送付したか，誰がいつどのような連絡をしたか等を把握することにより，後々のトラブル防止に資する。

また，日税連の指針についての私見になりますが，イ～ホについて全ての書式等を用意しなければならいということではないと受け止めています。

事務所の規模，職員の意識や個々のスキルや事務量によっては，日々の業務において作成することは現実の問題として難しいと思われますが，必要最低限の書式として，オフィスソフト（エクセルあるいはアクセス）を使って，ロを柱としてイ～ホの項目でデータとして蓄積できる項目を抽出して定型様式として作成し，担当の区別なく全顧問先の情報を全員が確認，入力できるようにすることは可能でしょう。

最低でも，業務日報は備え付けて日々作成を義務付けることが必要です。

② 守秘義務の観点から

税理士業にあっては，使用者税理士等及び一般職員等に税理士法によって守秘義務が課されており，違反した場合は罰則規定で2番目に重い「2年以下の懲役又は100万円以下の罰金」に処せられることになります。

これまでの経験から，多くの税理士はもちろんのこと，一般職員の大半が守秘義務の重要性を実感的に認識できていないように見受けられます。

守秘義務違反は思わぬところから違反行為が行われたり発覚したりするので，以下の事項に留意してください。

(i) 文書管理

税理士事務所に限らず，一般的にありがちなこととして，用紙の節約のために書損した用紙の裏紙を再利用することがあります。

稀な事例ですが，実際にあった処分事例として，顧問先Aに係る書損した元帳等の裏紙に顧問先Bの元帳等を印刷して顧問先Bに渡したところ，顧問先Bの税務調査の際に裏紙が第三者に流出したことが発覚して，守秘義務違反に問われた事例がありました。

規模の大きい事務所は，簿書の廃棄に関しても細心の注意を払わなければ思わぬ事態から守秘義務違反が問われることになる可能性があることに留意する必要があります。

具体的には，廃棄簿書については裁断を徹底するあるいは一定期間ごとに熔解処理をするなどの方法で処分し，資源ごみ，燃えるゴミなどとして捨てることのないように努めるべきです。

税理士事務所も税務署と同様に「秘密（個人情報）の塊」のような場所であり，事務所内に無造作に顧問先関係の書類が積まれていたり，顧問先名等が丸見えの状態でファイル等が保管されていたりしている税理士事務所がありますが，書類管理の適否は守秘義務違反以外の違反行為にも繋がりかねないので注意が必要です。

ⅱ　データ管理

税理士事務所のコンピュータ（以下，「PC」と表記します）には，顧問先の機密情報や会計データ等が保存されています。また，ノートPCやUSB等の記録媒体を事務所外に持ち出して作業をすることもあります。

これらの情報機器には大量のデータや情報が保存されていることから，紛失，盗難は守秘義務違反に問われる可能性が高く，PCへの不正アクセスで保存したデータ等が破壊されたり盗まれたりすることも考えられることから，どこまでセキュリティを強化するかという問題があります。

データ管理に関する日税連の指針は次のとおりです。

〈データ管理に有用な施策〉

イ　パソコン等のセキュリティ

パソコン等は，パスワード等でアクセス管理を徹底し，他人が勝手にデータにアクセスできないようにする。また，アクセスログ等を記録することにより，データにアクセスした者を把握，確認できるようにする。

※所属税理士が自ら委嘱を受けて業務に従事した場合において，補助業務と同じパソコン等を使用する場合は，補助業務とは別のパスワードを設けるなど，補助業務との分離を行う必要がある。

ロ　データ管理責任者の設置

税理士事務所等内にデータ管理の責任者を設けることで，統一的，効率的な管理体制を整備する。

ハ　データの保存

データの記録・保存は事務所内のメインサーバのみとし，各自のパソコンにはデータを保存しない。

ニ　データの持ち出し禁止

データを外部に持ち出すことは原則禁止とする。ただし，業務上必要と認められる場合には，管理責任者の許可を得た上で，必要なデータだけをUSB メモリー等の記憶媒体に記録し，データの暗号化，パスワードによる保護を行うなどして持ち出すように管理を徹底すべきである。また，記憶媒体の紛失が無いように十分な注意が必要である。また，USB メモリー等を持ち帰った場合には，媒体内のデータを完全に消去する必要がある。

ホ　ウイルス対策

コンピュータウイルスによるデータ流出や不正アクセスを防止するため，インターネット等を利用する場合は，ウイルス対策ソフトをインストールする。また，コンピュータウイルス感染の温床となる危険なウェブサイトの閲覧やファイル交換ソフト等の使用を禁止する。

ヘ　バックアップ

災害やパソコンのトラブルに備え，外部記憶媒体へのデータのバックアップを定期的に行う。

ホ　廃棄

サーバー等の買換え，廃棄に際しては，ハードディスクのデータを完全に消去する。

2

事務処理の在り方

本節においては，日税連の業務対策部で作成され，同会のホームページに公開されているフロー図に沿って税理士法に則った業務処理の在り方を紹介し，必要な箇所において筆者の意見等を加えています。

筆者の経験則上，多くの税理士事務所が，実態として掲載したフロー図のとおりに業務処理が行われているとは断言できかねますが，原理原則に則った業務処理の在り方を知識として知っておくことは，自身の懲戒処分のリスクをコントロールできるので，とても重要なことです。

税理士法を厳格に適用した場合に，多くの税理士事務所，税理士法人，特に税理士数に比べて顧問先が多い事務所に違反行為が内在する事務処理を行っている懸念があります。

以下の（1）～（3）に記載した事務処理の流れで，いずれのパターンにおいても使用者税理士等が留意すべきことは，職員等は，税理士業務に係る業務においては，使用者税理士等の判断，意見を顧問先に「伝達」することができるだけで，自ら個別，具体的な税務上の判断や意見を述べたりする等の行為をしてはならないということと，職員等が「ニセ税理士」行為を行わないように管理監督しなければならないということです。

（1） 職員等が顧問先の直接窓口となって業務処理が行われている場合

税理士事務所等での業務処理のフローとしては，職員に担当する顧問先を持たせて業務処理を行っている形態が最も多いと思われます。

次のフロー図には，「所属税理士」も含まれていますが，所属税理士がいない

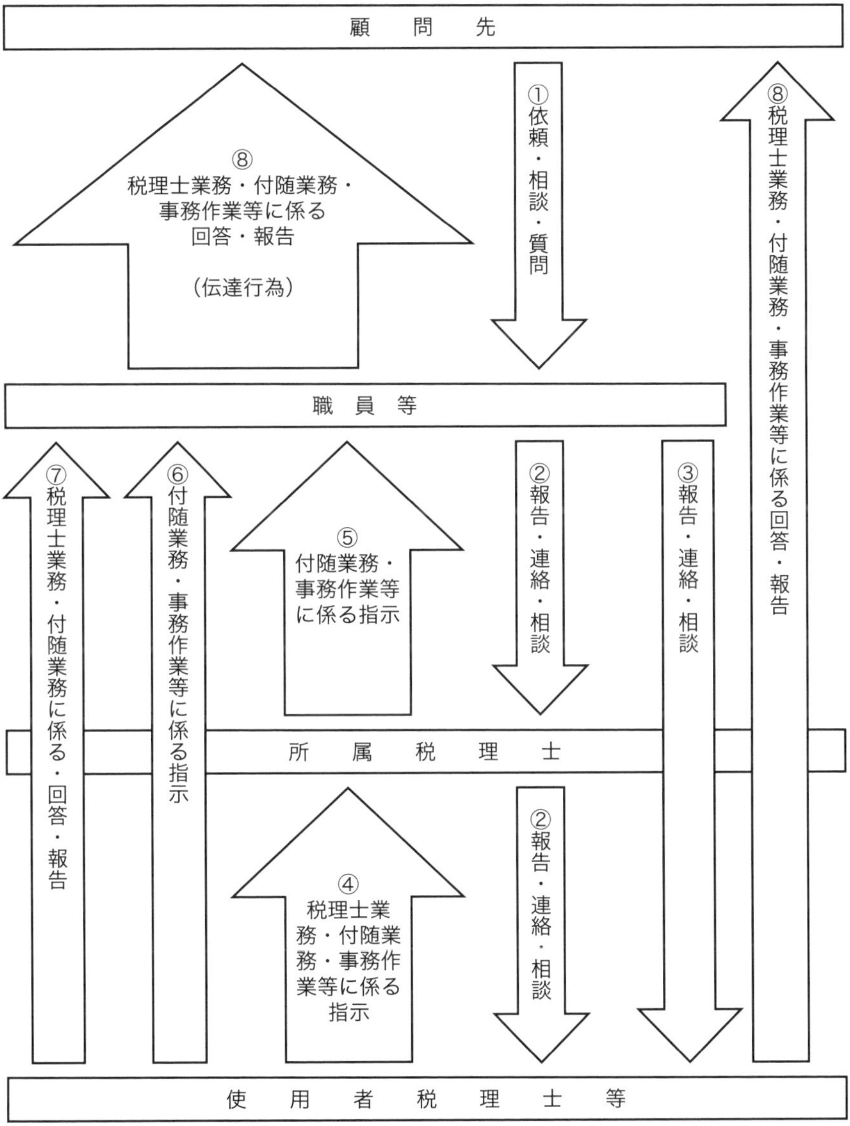
顧　問　先
⑧
税理士業務・付随業務・
事務作業等に係る
回答・報告
（伝達行為）
①依頼・相談・質問
⑧税理士業務・付随業務・事務作業等に係る回答・報告
職　員　等
⑦税理士業務・付随業務に係る・回答・報告
⑥付随業務・事務作業等に係る指示
⑤
付随業務・
事務作業等
に係る指示
②報告・連絡・相談
③報告・連絡・相談
所　属　税　理　士
④
税理士業
務・付随業
務・事務作
業等に係る
指示
②報告・連絡・相談
使　用　者　税　理　士　等

税理士事務所の事務処理と分けて事務処理の流れを概説します。

まず，使用者税理士等，所属税理士，職員等で構成されている場合です。

顧問先から相談等を受けた職員等は，①⇒②（又は①⇒③，事務所の方針によって異なる場合もあると考えられます）の順番で使用者税理士等に報告，相談等が伝えられます。そして，当該報告・相談等に対する使用者税理士等の判断，意見が職員等に伝えられ（⑥），職員等は，使用者税理士等の判断・意見を顧問先に「伝達」する（⑦）ことになります。あるいは，相談等の内容によっては，使用者税理士等の判断・意見を直接又は所属税理士を介して税理士の判断として顧問先に回答・報告する（⑧）こともあります。

次に，所属税理士がいない場合の事務処理の流れです。

顧問先から相談等を受けた職員等は，①⇒③の流れで報告，相談等を行い，使用者税理士等の判断は⑥⇒⑦又は⑧の流れで顧問先に回答・報告がされます。この場合においても，職員等は，使用者税理士等の判断・意見を「伝達」するだけです。

(2)　使用者税理士等が顧問先の直接窓口となって業務処理が行われている場合

次のフロー図は，顧問先からの相談や依頼事項等は全て使用者税理士等が受ける形態の業務運営を行っている場合の業務所で，①～⑤は使用者税理士等が有資格者である所属税理士に業務上の指示をした場合の事務の流れです。

また，①，⑥～⑨は使用者税理士等が税理士資格のない職員等に業務上の指示をした場合の事務の流れです。

顧問先に対する回答・報告等において，所属税理士と税理士資格のない職員の大きな違いは，所属税理士の場合は，使用者税理士等から指示を受けたことに対して，税理士として直接顧問先に回答あるいは報告することができますが（⑤），その場合においても，所属税理士も被雇用者であることから使用者税理士等への報告・相談等は行わなければなりません。

税理士資格のない職員の場合は，使用者税理士等から指示を受けた事項に関する回答・報告等は，使用者税理士の承認の下に，使用者税理士等の判断あるいは意見を伝達する立場で関与先に回答・報告等を行わなければなりません。

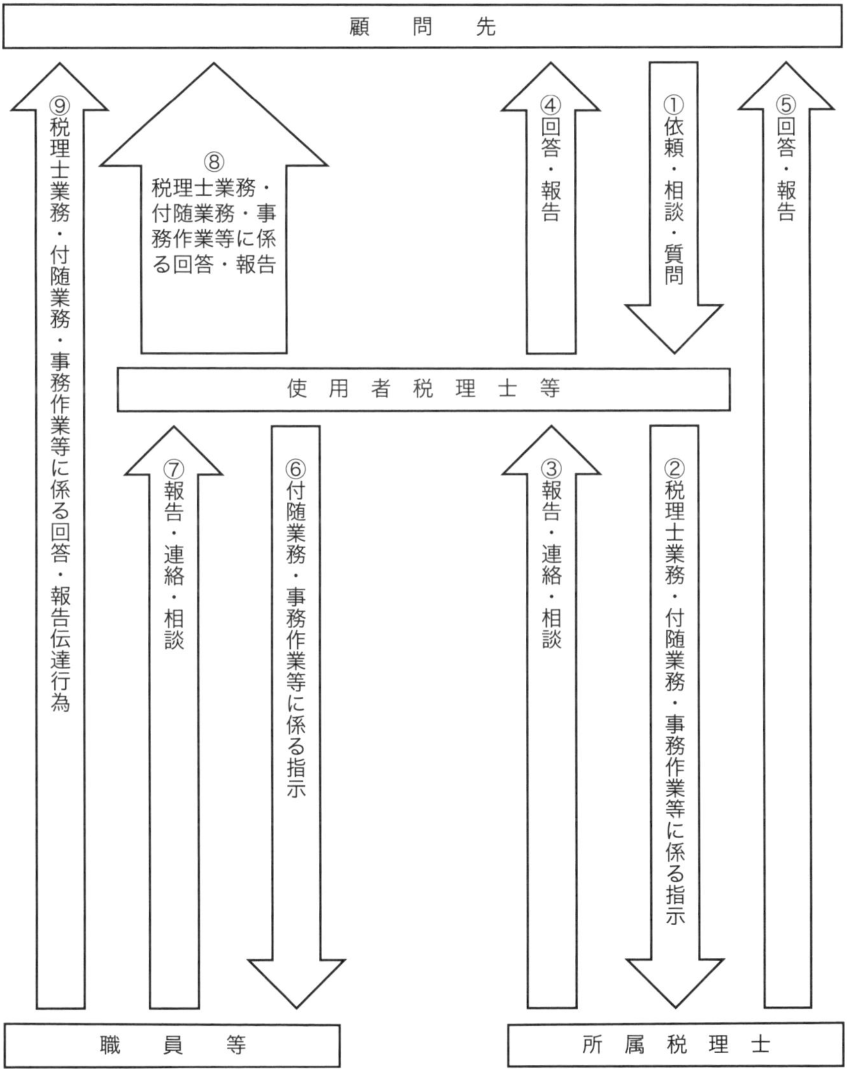

(3) 所属税理士が顧問先の直接窓口となって業務処理が行われている場合

所属税理士が顧問先の窓口になって事務処理をする場合においては，所属税理士も「使用人等」の中に含まれるので，基本的な報告・連絡・相談の流れは（1）と大きく異なることはなく，使用者税理士等への報告，連絡，相談の下に業務を遂行しなければなりません。

（1）と異なる点は，顧問先への回答・報告については税理士資格を有していますので，税理士業務等に係る税理士としての自らの見解，意見，判断等をもって使用者税理士等への連絡・報告・相談を行い，その上で顧問先に回答・報告することができることです。

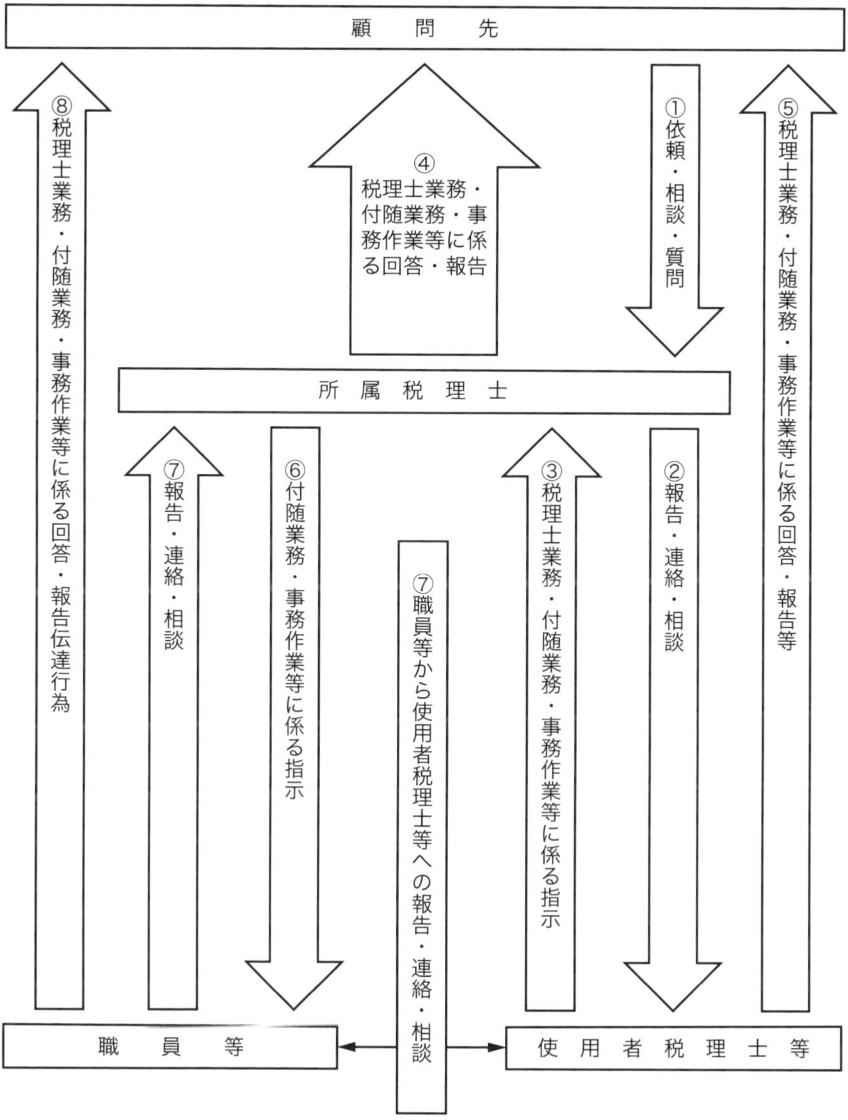
顧　問　先
⑧税理士業務・付随業務・事務作業等に係る回答・報告伝達行為
④税理士業務・付随業務・事務作業等に係る回答・報告
①依頼・相談・質問
⑤税理士業務・付随業務・事務作業等に係る回答・報告等
所　属　税　理　士
⑦報告・連絡・相談
⑥付随業務・事務作業等に係る指示
③税理士業務・付随業務・事務作業等に係る指示
②報告・連絡・相談
⑦職員等から使用者税理士等への報告・連絡・相談
職　員　等
使　用　者　税　理　士　等

3

内部規律及び内部管理体制の確立

個人であれ法人であれ，組織として事業を行う以上は，組織の規模の大小にかかわらず労働基準法等の法令で定められた規程を遵守しなければなりません。また，当該組織独自の慣習，規律等が存在し，これらを守る必要もあります。

税理士は，税理士法に基づいて業務処理を行う立場にあり，「税法」の専門家という法律家として位置付けられているといえます。法律家の側面を持つ税理士が労働基準法等の法令を遵守した組織運営を行うことは当然のことであり，殊更，内部規律及び内部管理体制（以下「内部規律等」と略記します）を論じる必要はないであろうという考え方もありますが，懲戒処分に関する新告示において，内部規律等の在り方によって量定が変わってくることから，内部規律等の持つ重要性が一段と重くなったと考えられます。

本節においても日税連が公開している指針を基本にして内部規律等について説明します。

(1) 内部規律

内部規律とは，「業務の適正性・信頼性を確保するための内規」とされています。雇用主と被雇用者の関係を規定する法律に基づくルール，業務遂行上の所内ルールを明示しているかどうか，加えて税理士は法律で公共的使命を担うことを求められ，かつ，守秘義務が課せられた業務の特殊性を反映した規定になっていることがポイントとなります。

概要を確認すると，常時10人以上の使用人等を雇用する事業所は，労働基準法89条により同条文の1号から10号に掲げる事項（始業及び終業の時刻・休憩時間・休日・休暇・賃金・退職等）を規定した就業規則の作成が義務付けられ，当該就業規則を労働基準監督署に提出しなければなりません。

次に，業務を行う上での当該組織内のルールを定めた服務規程（規律）は，就業規則に含まれるものとして位置付けられているものですが，10人未満の使用人等を雇用する事業所には就業規則の作成は義務付けられていません。よって，服務規程（規律）だけをルール化するということは，労働条件等が明示されない中で，使用人等が遵守することを求められる規律で縛られるのは，使用人等にとって不公平感が否めないこともあり，税理士業にあっては，懲戒処分から身を守るという観点から就業規則の作成が義務付けられていない規模の事業所であっても作成した方が望ましいということになります。

日税連のモデルには，税理士事務所等においては信頼性の確保のために当該規

【就業規則と服務規程（規律）のイメージ図】

就業規則
（厚生労働省モデル）

第1章　総則
第2章　採用，異動
第3章　服務規程 →
第4章　労働時間，休憩及び休日
第5章　休暇等
第6章　賃金
第7章　定年，退職及び雇用
第8章　退職金
第9章　教育訓練
第10章　災害補償
第11章　表彰及び制裁
第12章　無期労働契約への転換
第13章　公益通報者保護

労働政策研究・研修機構

労働者が企業組織の構成員として守るべきルール＝行動規範を具体的に定めたもの。
【例　示】
1　労働者の就業に関する規律
・出退勤
・遅刻・早退・欠勤・休暇等の手続き
・離席・外出・面会の規制，服装
・職務専念義務
・上司の指示や命令への服従義務
・職場秩序の保持
・安全・衛生・風紀の維持
2　企業組織の財産の管理のための規律
・組織の施設や物品の私用の禁止
・組織内での会合等の許可制
・組織内での政治活動や宗教活動の禁止
3　労働者の地位・身分による規律
・信用の保持，兼職，兼業の許可制，
秘密の保持　等

則，規定に盛り込むべき事項として，下記が挙げられています。

① 税理士法等の関係法令，日税連・所属税理士会の会則・規則等の遵守

② 守秘義務（法 38 条及び 54 条）の遵守

③ 職員等のにせ税理士行為等の禁止（法 52 条及び 53 条の遵守）

④ 使用者税理士等の承諾を得ない所属税理士の直接受任の禁止（施行規則 1 条の 2 第 2 項）

(2) 内部管理体制

内部管理体制とは，「税理士事務所，税理士法人の全ての従事者が確実に適正な業務遂行ができる体制」とされており，税理士事務所で求められる内部管理の具体的な項目は以下のとおりです。

① 文書管理

業務に関連した情報等を記録した文書あるいは記録媒体は，税理士事務所内部で使用するものであっても守秘義務の対象となるとの解釈が示されており，紛失あるいは外部流出しない体制を構築すべきです。

社会一般においても，主にコンプライアンスの観点から社内文書の自宅持ち帰りの禁止，出張の際には持ち出す文書を上司が確認し，帰社した際に紛失等の有無を確認する等の方法で文書管理しています。

別の観点から文書管理の重要性について補足しましょう。

筆者が相談を受けた事例の中で，ある顧問先の税務調査がきっかけとなり監督当局の調査を受けることになった税理士事務所がありました。使用人監督義務違反，不真正税務書類の作成の疑義がありましたが，使用人の業務遂行状況の管理体制，長期間保存されていた当該顧問先とのファックスのやり取り，打ち合わせメモが残っていたことで，これらの内容を詳細に分析，検討したところ，懲戒処分に問えないという判断に至りました。

税理士業の宿命として，書類は整理し不要な文書等は廃棄しなければ溜まっていく一方で，どの書類をどの範囲でどの程度の期間保存するか判断が難しいところですが，古い書類が「万が一」の時に役に立つということもあるので，PDF などでデータ化して保存するということも 1 つの方法だと思います。

② データ管理

現在は，会計処理・申告書の作成・報告書・提案書等の諸々の文書をコンピュータと利用目的に応じたコンピュータソフトを使用し，これらのデータはハードディスク・USB・サーバー等の記録媒体に保存することが一般的となりました。また，作成したデータを USB などにコピーして事務所の外部に持ち出して作業等することも少なからずあります。

作成したデータが紛失等で外部流出した場合には，守秘義務違反に問われる可能性があることから，データや記録媒体の保存・管理においては内部の手順等をルール化することが必要になります。

③ 使用人等の監督

使用人等に対する監督義務は旧告示と新告示では処分の量定が大きく変わりました。

第 4 章において解説したとおり，使用人等が不正行為を行った場合には，旧告示（平成 27 年 3 月 31 日以前にした違反行為）においては使用人監督義務違反で止まり，量定も「戒告又は 1 年以内の税理士業務の停止」であったものが，新告示（平成 27 年 4 月 1 日以降にした違反行為）においては，使用人の不正行為に対する使用者税理士等の認識の有無・内部規律・内部管理体制の有無・内容の程度によっては使用者税理士等が不正行為の行為者として懲戒処分に付される可能性があります。(108 頁参照)

使用者税理士等が行為者として懲戒処分となった場合には，不正行為の類型によっては税理士業務の停止で最長 2 年，脱税相談などの重い違反行為によっては禁止処分もあり得ることとなります。

したがって，業務の遂行に当たっては，一般職員等に任せきりにせず報告・連絡・相談を徹底することが重要です。特に，日税連の「税理士事務所等の内部規律及び内部管理体制に関する指針」にもありますが，勤務年数が長く実務経験が豊富でスキルの高い一般職員に対しても，当該職員の立場等は尊重しつつも業務遂行に際しては任せきりにすることのないように留意すべきです。

どのような方法で報告・連絡・相談の体制を構築するかは個々の税理士事務所の職員数，顧問先数などの規模によって異なってくるとは思いますが，最低でも業務日報の作成は徹底すべきと考えます。

④　税理士法人における社員税理士間の業務管理

本節の冒頭にも記述したとおり，新告示においては，内部規律等の有無あるいは内容の程度によっては，1人の社員税理士の違反行為が当該行為者の懲戒処分に止まらず，他の社員税理士に波及する可能性が高くなります（109頁参照）。

業務停止以上の懲戒処分を受けた場合に，2名の税理士で設立した税理士法人は，業務停止の処分を受けた社員税理士の処分期間が7か月以上になった場合は，法48条の4（社員の資格）2項の規定により，業務停止期間中は社員となる資格を有しなくなるので，当該税理士法人が解散しなければならない事態も起こり得ることを考えると，③の使用人等の監督義務の観点から，社員税理士同士がそれぞれの担当部署をどのように管理監督しているかを把握することも重要です。

税理士法人にあっては，社員税理士自身の業務と使用人の監督が十分に果たせる体制を構築することが求められます。

法48条の11（業務を執行する権限）において，「税理士法人の社員は，すべて業務を執行する権限を有し，義務を負う」と規定されています。

社員の業務を制限することは，定款によっても制限することはできず，業務執行には，定款に定める業務の他，税理士法人の経営に関する契約締結等の法律行為及び帳簿作成，使用人の管理，監督等の事実行為も含まれるとされています。

【税理士法人における管理監督体制のイメージ図】

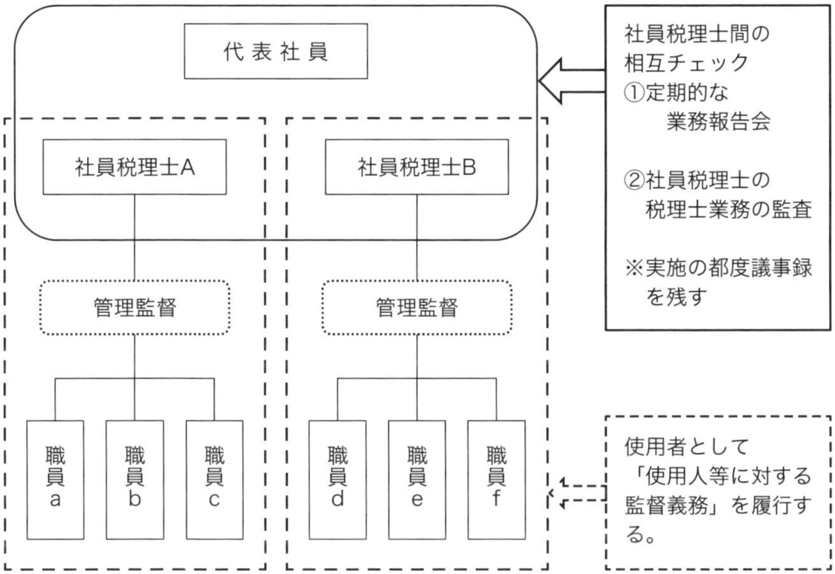

4

会計法人に関する問題

本節では，税理士あるいは税理士法人が出資等をして設立した「会計法人」と，会計業務のアウトソーシングの受け皿としての記帳代行会社を区別するという意味で，記帳を他社から請け負って業務を行う事業体の呼称を「記帳代行会社」として使い分けます。

具体的な問題点を挙げる前に，会計業務の税理士法における位置付けに関する当局の見解と日税連が作成した税理士，税理士法人に対して会計法人へ会計業務等の付随業務を外部委託する際の留意事項について確認します。

まず，会計業務に関する当局の見解について政府委員の答弁を引用します。

〈国会質疑抄〉

仰せのとおり，財務書類を作成いたしますとか，会計帳簿を作成いたしますとか，そういうことの代行という会計業務は自由業務でございます。税法に基づく税務計算と申しますのは，会社経理ないし会計経理に関する知識を踏まえて，その基礎の上で必要な調整計算を行っていくということでありますので，実際面においてもこういう意味で，財務書類の作成，記帳の代行といった会計業務が税理士さんの仕事の中で相当のウェートを持っているだろうと思います。

今度申し上げている改正案で第２条に２項を置きましたのは，こういう現実を踏まえまして，税務代理，税務書類の作成，税務相談という２条１項各号に掲げております本来の税理士業務の委嘱を受けた納税義務者について，税理士業務に付随して会計業務を行うことができるということを確認的に明らかにする，それによって税理士の社会的信用保持という面での効果を期待しようということであります。

この法に新しくご提案しております２条２項の中にもありますように，他の法律においてその事務を業として行うことが制限されているような会計業務につきましては，この２項を新しく設けましたからといって税理士さんができるということではないわけで，公認会計士のやっておられる財務書類の監査，証明のようなものがこれによって税理士の業務に取り込まれるわけでは全くないということと，納税義務者の委嘱を受けなくて会計業務を税理士さんが一般的におやりになるということ，これは自由業務でありますから，それが制限されるわけではない，こういう含意を持っておるわけでございます。　　　　（昭和 54 年６月１日衆議院・大蔵委員会）

上記の政府委員答弁は昭和 54 年の答弁であり，消費税導入前の答弁であることから「自由業務」であるとの発言になったとも推測されますが，消費税導入後は消費税の課否判定という税務相談の要素が発生し，また，平成 31 年（2019 年）10 月からは 10 ％と８％の軽減税率制度が導入されて，会計入力時に消費税の課非判定に加え税率の区分を判断しなくてはならなくなったことから，単純に「自由業務」といえなくなったと考えられます。

次に，日税連が作成した会計法人に関する指針を確認します。

〈税理士が主宰する会計法人に対する外部委託において留意すべき事項〉

委託主である税理士が主宰する会計法人に対し，外部委託する場合は以下の点に留意すべきである。

・　会計法人の業務及び従業員等の監督の観点から，主宰会計法人の代表者には主宰税理士自身が過半数を超える出資割合をもって就任し，責任を負うべきである。

・　効果的な監督の観点から，主宰会計法人の所在地は，税理士事務所等と同一場所とすべきである。同様の趣旨から，その法人の支店及び営業所は設置すべきではない。

・　会計業務は主宰税理士が税理士業務とともに一括して契約したうえで，これを主宰会計法人へ委託する方式の採用を徹底すべきである。

・　主宰税理士と主宰会計法人との委託契約上において，会計法人は税務一般の業務を絶対にしてはならないことを明らかにしたうえで，会計法人の業務は会計業務に限ることとし，税理士業務については，主宰税理士と顧問先との契約を明確にする。

・　主宰会計法人の従業員等が，主宰税理士の業務を兼務している場合には，従業員等の従事する事務作業等が主宰税理士の業務であるか，主宰会計法人の業務であるかを明確にし，会計法人の業務として従業員等が税理士業務の事務作業に従事することのないようにする。

更に，参考として，東北税理士会の会報誌に次のような記事が掲載されています。

単位会の会報誌に掲載された記事ではありますが，会計法人に関する日税連のガイドラインを踏まえた，東北税理士会本会の会計法人の在り方に関する見解であることから，判断の参考として掲載します。

平成26年6月15日

東北税理士会　綱紀監察部

常任委員　芳賀良悦

会計法人は日税連のガイドライン順守を

昨今，本会綱紀監察部に出席していると会計法人に対する名義貸しの問題がよく話題に出る。また，国税当局から税理士及び会計法人に対する実態確認調査についての報告も，名義貸しの問題が少なからず報告される。

そのような事から，今回，会計法人を取り巻く諸問題について日税連綱紀監察部が作成した綱紀監察関係資料集を参考にまとめてみた。

会計法人の形態が一本化した本質的事由

従来本会においては会計法人の形態として次の３パターンを本会における事務連絡として示していた。

形態一

会計法人が記帳・決算業務及び税理士業務を合わせて受託し，税理士業務を税理士に委託する形態。

形態二

税理士が記帳・決算業務及び税理士業務を合わせて受託し，記帳・決算業務を会計法人に委託する形態。

形態三

会計法人が記帳・決算業務及び税理士業務を受託し，税理士業務は税理士が受託する形態。

しかしながら，平成 25 年 5 月 22 日付日税連綱紀監察部による正副会長報告における形態は上記形態二に一本化することを基本としている。なぜ形態二に一本化することとなったのか，その本質的な事由を綱紀監察関係資料集を基に解説する。

税理士法上問題となる会計業務と税務書類の作成及び税務書類の範囲

今まで一般論として言われていることは，会計業務は，税務代理，税務書類の作成，税務相談行為に該当しないので記帳や決算書の作成を行っても税理士法に抵触せず，特段の資格を取得していなくても誰でも会計業務は行える業務と理解されていた。しかしながら，消費税が導入されてからは通常の仕訳以外に，課税区分の入力が人的判断により必要となり，この課税区分の入力が税理士法上の税務相談行為に該当し，税理士法（以下「法」）第52条（税理士業務の制限）違反となる。

また，税理士法上問題となる税務書類の作成とその範囲についても確認しておく。

法第2条1項2号に規定する「税務書類の作成」とは，自己の判断に基づいて納税者と面談し，確認して作成することをいい，検算を行う行為や単に謄写する行為は「税務書類の作成」には該当しない。要約すれば税務署に提出する書類はすべて財務書類であっても税務書類であり，所得税青色決算書や収支内訳書も財務書類の一部であるが税務署に提出する限り税務書類となる。従って納税者及び税理士以外の者が税務書類を作成すれば，無償であっても法第52条違反となる。

会計法人の本質的な問題は実はここにある。

日税連綱紀監察部による会計法人のあるべき姿として，形態二を基本とする本来的意味は，記帳・決算等の会計業務も税理士業務として受託することが税理士法上，最も整合性がとれるからである。また，税理士が主宰する会計法人の代表者には必ず主宰する税理士が過半数を超える出資割合をもって個別代表として常勤として就任し，同会計法人の本店所在地は管理監督上の観点から税理士事務所と同一場所とすべきことは言うまでもない。更に重要なことは，形式的に形態二の形をとっていたとしても，事務所の人事や資金等の管理支配の実態で名義貸し等の税理士法上の問題が判断されることを理解しなければならない。その根拠となる平成11年5月21日付日税連綱紀監察部の基本的考え方（抜粋）は次のとおりである。

平成11年5月21日

綱紀監察部

税務会計ソフト等を使用した業務に関する基本的考え方

税務会計ソフト等を使用する場合，厳密には，このようなコンピュータソフトを，会計帳簿作成ソフトと税務書類作成ソフトの二つに分けて判断する必要が先ずあります。

ところで，消費税法が施行されて以来，会計帳簿作成ソフトを使用して会計帳簿を作成する場合でも消費税処理判断が要求されるようになったので，ソフトによっては，下記1のとおり法第52条違反の問題が生じるようになりました。

また，税務書類作成ソフトを使用して税務書類を作成した場合は，下記2のとおり当然に法第52条違反となります。

1　会計帳簿作成ソフトを納税者（使用人含む）以外の者が使用して会計帳簿を作成する場合の法第52条違反について

(1)　会計帳簿作成ソフトにより消費税処理を行う場合，取引毎の入力の際に，個別・具体的判断を要しないで機械的に会計帳簿が作成されるシステムの場合，法第52条違反に該当しない。

(2)　会計帳簿作成ソフトにより消費税処理を行う場合，取引毎の入力の際に，個別・具体的判断を要するシステムで会計帳簿を作成する場合，法第52条違反に該当する。

【理由】

消費税処理について個別具体的に判断を行いつつ会計処理を行うことは，消費税処理毎に判断することになるので，それぞれ会計仕訳毎に税務について答弁し，指示し，または意見を表明するに当たり，税務相談に該当するので，この場合の会計処理は法第 52 条違反となる。

但し，税理士が主宰する会計法人が会計処理を行う場合で，

① 税理士が自ら消費税に関する会計処理についてコンピュータ入力を行う場合

② 税理士以外の者が消費税に関する会計処理について「税理士の会計仕訳毎の判断に基づく入力指示によって」コンピュータ入力を行う場合は当該法人は法第 52 条違反とならない。

2 税務書類作成ソフトを納税者（使用人含む）以外の者が使用して税務署類を作成する場合，税理士以外の者は法第 52 条違反となる。

【法人の場合】

(1) 法人税申告書の概要

法人税の申告及びこれに添付する明細書は，法人税法施行規則の別表にその書式が定められており，法人が確定申告等を行うに際してはこれらの書式によらなければならないとされている。

(別表一（一）～別表一九)

(2) 法第 52 条に違反する者

決算書上で処理すべき事項，別表四においての必須調整事項及び任意調整事項を「人的判断」によってそれぞれ選択又は適用し，それに基づき法人税申告書をコンピュータが計算・作成するというのが現状である。

その人的判断する者が「納税者以外の者」で且つ「税理士以外の者」である場合は，当然に法第 52 条に違反することになる。

【個人の場合】

所得税確定申告については，上述の法人税確定申告書の論理と同様，決算

書上で処理すべき事項を人的判断によってそれぞれ選択又は適用し，それに基づき所得税確定申告書をコンピュータが計算・作成するというのが現状である。

なお，所得税の青色申告決算書については財務書類と税務書類である明細書の両者を含む書類であると解されているので，その作成についても法第52条に違反することとなる。(「税理」第41巻／第13号参照)」

最後に以上のような解釈に基づくと，消費税の課税区分の入力を人的判断によって行い，決算書等を含む税務書類の作成を会計業務と称して有償・無償に関わらず行えば，次のような者は法第52条に違反するものと理解しなければならない。

(1) 税理士が主宰しない会計法人

(2) 記帳代行会社・記帳代行者

(3) 行政書士・社会保険労務士・経営士等

(4) 元会計事務所職員　他

「税理士界」等の媒体資料ですでにご存じのことと思うが，名義貸しに対して罰則が強化・明確化される。平成27年4月1日以後に行った行為から適用され，その内容も2年以下の懲役か100万円以下の罰金という大変厳しい内容となっている。もし，我々税理士が名義貸しと当局から判断され，財務大臣等の処分を受ければ，もはや税理士業務は行えない事態となる大改正である。

この改正の要望は当局から提案されたもので，その背景は税理士による違法行為の顕在化にあるとのことである。税理士監理官等による税理士及び会計法人に対しての実態確認調査をすればする程問題があり，その根本的原因は税理士は税理士法を熟知しているものとして調査が行われるが，税理士側

> は税理士法をよく理解していない場合が多いという現実があるようで，そのギャップがあまりにも大きいとのことである。
>
> 名義貸しかどうかは，税理士本人が一番よくわかっているはずである。調査後の理由で「今まで当局より指摘をされなかったので良いと思っていた」というのが圧倒的に多い。指摘され処分等を受けてからでは遅く，致命傷となることを職業会計人は覚悟しなければならない。

以上のとおり，会計法人には下記２点の留意すべき問題があります。

① 税理士が会計法人に対する名義貸しに問われる可能性

② 会計法人がいわゆる「ニセ税理士」行為を指摘される可能性

次に，それぞれのリスク等を解説します。

(1) 法52条（税理士業務の制限）違反（「ニセ税理士」行為）について

開業税理士及び税理士法人において，業務の効率化等の理由により会計処理等の付随業務について，会計法人を設立して業務委託を行っている形態があります。

この形態において，消費税導入後は会計処理に際して消費税の課否を判定しなければならない（個別，具体的な税務上の判断），あるいは顧客から消費税の課否等について質問があったときに回答する必要があるという税務相談に該当する行為が日常的に発生するという税理士法上の問題があります。

(2) 名義貸しについて

開業税理士が，自ら出資し会計法人を設立して業務を行っていたところ，当該税理士が会計法人に対する名義貸しで懲戒処分を受けた事例がありました。図示すると次のようになります。

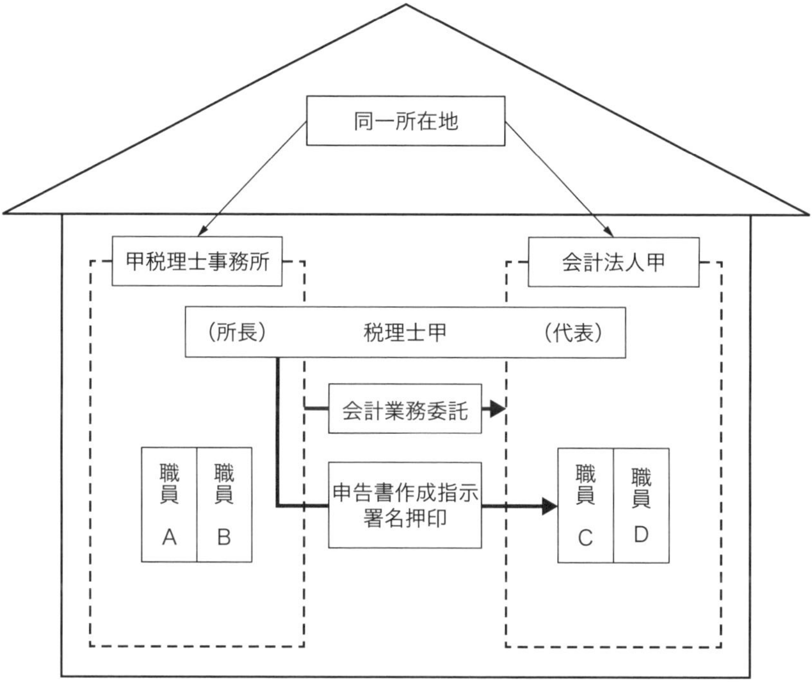

この事例で，税理士甲が会計法人甲に対する名義貸しに問われた原因は，税理士事務所の職員ではないC・Dに申告書の作成を指示し，当該申告書に署名押印したことにあります。

法律的に考察すると，甲会計法人は税理士甲の全額出資のもとに設立され本社事務所も甲税理士事務所と同所に所在するとはいえ，①個人と法人は別人格であること，②個人事業と法人は別人格であるが故に税理士甲が自己の判断に基づいて申告書を作成したことにならないこと，③職員C・Dは甲会計法人の職員であることから税理士甲の管理監督が及ばないことなどの理由から，税理士甲の会計法人に対する名義貸しという認定になりました。

加えて，甲会計法人及び会計法人の職員は法52条（税理士業務の制限）違反，いわゆる「ニセ税理士」行為を行ったという認定になりました。

これまで述べたとおり，消費税導入後は記帳業務も単なる会計処理に止まらず，消費税の課否判定という税務相談が伴う業務となっていることは事実であり，一方で，記帳代行会社は消費税導入以前から存在し，企業の経理業務に係る費用削減の手段として存在していたことも事実です。

法55条の監督事務において，実務として会計法人に対して法52条（税理士業務の制限）違反を問うとするのであれば，監督当局は，数多ある一般の記帳代行会社に対する税理士法上の対処をどうするのか問われるところだと考えます。

税理士等が主宰する会計法人だけを税理士法の観点から調査することは公平性に欠けることになり，一般的な記帳代行業者も税理士法の観点から調査するとなると，物理的（人員・時間）な問題で実務的には不可能だと思われます。

会計法人を税理士法の観点から調査するパターンとしては，「一罰百戒」という言葉がありますが，税理士等の調査の派生で会計法人を税理士法違反で刑事告発してマスコミに公表して，世の会計法人，記帳代行会社に注意を促すということは考えられます。

最後に，前記の事例（名義貸し）で懲戒処分を受けた税理士と新告示の自己脱税において位置付けられた税理士の立場を考察し問題提起とします。

前記事例（名義貸し）での税理士は，税理士業は開業税理士として業務を行い，付随業務は税理士自身が出資し代表を務める会計法人に委託して処理しています。当該事例では，会計法人の職員が税理士事務所の職員としての身分を持っていない中で税務書類を作成していたことが税理士の会計法人に対する「名義貸し」として処分されました。

確かに，法律上の形式としては会計法人と税理士は人格の異なる存在であり，会計法人の職員は税理士事務所の職員の身分はないとしても，実態的にみると税理士事務所と会計法人は同一の場所で業務を行っており，会計法人は税理士が出資し自ら代表者として業務を管理監督できていたはずです。

懲戒処分となった理由は，たとえ同一所在地で業務を行い，税理士が出資し代表者に就任していようが，開業税理士と会計法人は別人格なので，実態的側面は全く斟酌されず，「名義貸し」になるという判断が下されたのだと考えられます。

仮に，会計法人の代表者が税理士資格のない者であれば，税理士の行為の評価に関して斟酌の余地はないと考えられます。

一方で，新告示の自己脱税の量定基準は「自己（自己が代表者である法人又は実質的に支配していると認められる法人を含む。）の申告について，不正所得等があることをいう」とあり，この場合の「法人」は業種を問わず税理士が代表者あるいは実質的に支配すると認められる法人のことで，税務調査において当該法人に不正所得等があった場合には，法人に対する課税に止まらず代表者あるいは実質的な支配者が税理士資格を有している者であれば，当該代表者，実質支配者が税理士法上の懲戒処分も受けるという規定になっています。

「名義貸し」においては，税理士資格を有する立場の人間が個人として税理士業務を営んでいる立場と法人の代表者であるという立場を人格が異なるという法律上の形式を捉えて懲戒処分となり，自己脱税においては税理士が主宰する法人が申告漏れを行った場合は実質面を捉えて税理士資格を有する個人を税理士法に基づいて懲戒処分をするという監督当局にとって「都合の良い」量定基準となっていることについて，個々の税理士及び税理士業界全体として考えるべき問題ではないかと思います。

また，税理士業務と会計業務の切り分けには「名義貸し」，「にせ税理士」の問題に発展する可能性が内在していることは間違いありません。

日税連や単位会本会（以下「日税連等」と表記します）の指針等について私見を述べると，法令に規定のないことについて「べき論」で規定することには無理があると考えます。しかしながら，立場として法令の趣旨に忠実に指針を示さなければならないことは理解しています。

税理士事務所は規模の大小，職員のスキル，顧問先が持つ会計処理に関するスキル等多種多様であり，事情の異なる事務所に一律の形式を求めることは困難です。また，実態的，現実的な面から考えると，指針どおりに1人の税理士が自分で記帳作業（入力作業）をする場合，あるいは職員の入力作業に関して，作業のほとんどが消費税の課否判定，税率区分の判定を伴う中で，それぞれの事務作業に自身の事務量をどの程度割けるのかという問題があります。

日税連等の指針を忠実に守るのであれば，1人の税理士が税理士法に則った事務処理を行えるのは，顧問先の規模によっても上下しますが30～40社（者）程度ではないかと考えられます。その理由は，税理士は入力作業だけをしているわけにはいかないからです。

法の規定を遵守すればとてもカバーできない件数の顧問先を持つ税理士が多数存在する現実を踏まえて，法に違反しない会計法人との業務の在り方を構築せざるを得ないと考えます（35頁参照)。

筆者の私見は極論になりますが，税理士業務と付随業務の関係は，付随業務を会計法人で行おうが税理士事務所内で内製しようが，実態的には個々の職員の判断で入力作業が行なわれていることに変わりはなく，そういう意味で税理士法の規定に則っていない状態です。その状態から明白な「にせ税理士行為」あるいは「名義貸し」が発生しないようにするために，士業で唯一の「使用人等に対する監督義務」を課して担保しているものと考えます。

5
税理士に対する損害賠償請求訴訟に潜むリスク

税理士損害賠償請求訴訟（以下,「税賠訴訟」表記します）に関しては，一般的に税理士の過失によって依頼者に生じた損害を金銭で賠償するという視点でのみでしか考えられていないように見受けられますが,「税理士の故意あるいは過失責任」を問うということを，懲戒処分事由の視点から考察します。

(1) 税賠訴訟から懲戒処分に繋がり得る法的根拠

法47条（懲戒の手続き等）に財務大臣に税理士の税理士法違反行為に対する調査の申出等ができる旨が規定されています。

請求権者／項目	1項　地方公共団体の長	2項　税理士会	3項　何人も
請求事由	税理士について，地方税に関し脱税相談をした場合又は一般の懲戒に該当する行為又は事実があると認めたとき	会員について，脱税相談をした場合又は一般の懲戒に該当する行為又は事実があると認めたとき	税理士について，脱税相談をした場合又は一般の懲戒に該当する行為又は事実があると認めたとき
通知事項	氏名 事務所所在地 懲戒処分事由	会員の氏名 事務所所在地 懲戒処分事由	税理士の氏名 懲戒処分事由
通知義務等	通知する	所轄国税局長を経由して通知しなければならない	通知し，適当な措置をとるべきことを求めることができる

上表のとおり，請求事由があれば誰でも財務大臣に調査の申出等ができることになりますので，税賠訴訟と並行して調査の申出等がなされることも考えられます。

監督当局は，調査の申出等があったからといってすぐに調査することはないと考えられます。その理由は，事実関係（故意・過失の有無）が確定しない段階で監督当局が訴訟に先立って調査に着手することはないからです。

例えば，脱税事件で税理士が共犯として起訴された場合には，脱税相談等の禁止違反の「故意による不真正税務書類の作成」を視野に入れて調査することになりますが，調査に着手するタイミングは判決が確定した後という流れになっています。

民事訴訟においては，一般的に和解によって訴訟手続きが終了することが多いと思われますが，和解で終了した場合に監督当局において調査着手の可否についてどのような判断がなされるかは，これまで税賠訴訟に端を発した事例がないことから予測困難ではあるものの，和解に際して作成した書面に，例えば「税理士の過失割合云々」の表現があった場合において，当該書面を証拠として懲戒処分の申立てが行われることも考えられます。

また，判決を求めて争い税理士側が敗訴した場合には，裁判において「過失責任がある」と認定されることになるので，その後において　税理士法上の調査があった場合には，懲戒処分に至る可能性は高いと思われます。

(2)　懲戒事由となる可能性のある過失責任

訴　訟　事　由	想定される違反行為	
各種申請書，届出書の提出遅延あるいは未提出による追徴課税	法37条（信用失墜行為の禁止）	業務け怠
	法45条2項（脱税相談等をした場合の懲戒）	過失による不真正税務書類の作成
職員の不正行為による追徴課税	法45条1項（脱税相談等をした場合の懲戒）	故意による不真正税務書類の作成
	法41条の2（使用人等に対する監督義務）	
職員の過失による追徴課税	法45条2項（脱税相談等をした場合の懲戒）	過失による不真正税務書類の作成
	法41条の2（使用人等に対する監督義務）	
税法解釈・誤指導による追徴課税	法45条2項（脱税相談等をした場合の懲戒）	過失による不真正税務書類の作成
節税スキームの否認よる追徴課税	法45条1項（脱税相談等をした場合の懲戒）	故意による不真正税務書類の作成
	法45条2項（脱税相談等をした場合の懲戒）	過失による不真正税務書類の作成
会計処理における事実認定の誤りによる追徴課税	法45条2項（脱税相談等をした場合の懲戒）	過失による不真正税務書類の作成

参考までに，「節税スキームの否認による追徴課税」が故意による不真正税務書類の作成に問われる可能性が考えられるケースは，筆者が税務調査の相談を受けた案件ですが，海外のペーパーカンパニーを利用した節税スキームを税理士自らが提案し，税務調査によって当該取引が実態を伴わない取引と認定されて重加算税を賦課されたような場合です。

幸いにして法人の代表者も税理士を訴えることはなく，税務調査の担当者も税理士法の視点を欠いていたので，税理士は事なきを得ましたが，問題視されていれば間違いなく懲戒処分をとなっていました。

6
クラウド会計と在宅勤務に潜む税理士法上のリスク

情報技術及び情報通信技術の発達や，ハード面でのコンピュータの小型・高性能化によって場所を選ばない勤務形態が可能となり，クラウド会計の普及がそのような働き方を後押しするものと考えられます。

更に，本書執筆時が新型コロナウイルスの影響によって従来の勤務形態の見直しが迫られており働き方が大きく変化する状況がうかがえます。

クラウド会計の利点は，インターネット環境があれば場所を選ばず仕事ができるという非常に利便性が高いところにあります。在宅勤務は，例えば高いスキルを持ちながら子育てあるいは介護等で長時間自宅を空けられない人にとっては就労の動機や機会にも繋がると考えられますし，中長期的には労働人口の減少も予測されているところで，在宅勤務は時代の流れで徐々に定着していくものと予想されます。

しかしながら，税理士及び税理士法人には，業務遂行に当たって税理士法によって税理士業務を遂行するに当たっての責任や義務・禁止事項が定められていることはこれまで述べたとおりです。

クラウド会計や在宅勤務は時代の要請・業務の効率化・ワークライフバランス等の観点から多くのメリットを享受できることは間違いありませんが，メリットばかりではなく事務所内の管理体制やシステムの構築を適切に行わなければ税理士等にとっては懲戒処分を受けるリスクが伴うことを認識しなければなりません。

(1)　クラウド会計と在宅勤務における税理士法上のリスク

クラウド会計と在宅勤務に潜む税理士法上のリスクとして想定される違反行為

で可能性の高い順に挙げると，①法 40 条（事務所の設置）違反，②法 41 条の 2（使用人監督義務）違反，③法 38 条（秘密を守る義務）違反，④法 52 条（税理士業務の制限）違反，⑤法 54 条（税理士の使用人等の秘密を守る義務）違反が考えられます。

これらの違反行為が想定される理由としては，極論すると，どこでも仕事ができる環境にあって，使用者税理士等の指導監督が十分できなくなり，使用者税理士等及び使用人等に「慣れと油断」が生じて複合的に違反行為が重なる可能性があります。

(2) 違反行為を防止するための方法

違反行為のリスクを下げるために考えられる方法は，在宅勤務者が使用する会計ソフトから税務書類を作成する機能を外す，在宅勤務で使用する業務用のコンピュータはデスクトップパソコンにする（ノートパソコンを業務用にすると，持ち運び自由となるので問題が生じます）などが考えられます。

(1) の③～⑤については，事務所の規模に適合する事務管理体制を構築するとともに，従来にも増して使用人等に対する研修を徹底することです。

補足すると，使用人等が (1) ③～⑤の違反行為を行った場合は，第 4 章で解説したとおり，「使用人等に対する監督義務」違反に止まらず，使用者税理士等も行為者として懲戒処分となる場合もあることに留意してください。

巻末資料

・税理士懲戒処分等事務取引規程及び
別紙第１号～第６号（その１）様式
・始末書提出依頼文の様式
・始末書の様式

税理士懲戒処分等事務取扱規程

（昭和57・7・8
大蔵省訓令特第13号）

改正　平7大蔵省訓令特第7号
平13大蔵省訓令第1号
平14財務省訓令第5号
平17財務省訓令第5号

（通則）

第1条　税理士法（昭和26年法律第237号。以下「法」という。）第44条に規定する税理士に対する懲戒処分及び法第48条の20第1項に規定する税理士法人の違法行為等に対する処分（以下「懲戒処分等」という。）に関する事務の取扱いについては、法及び行政手続法（平成5年法律第88号。以下「手続法」という。）に定めるもののほか、この訓令の定めるところによる。（平7訓令特第7号、平14訓令第5号改正）

（税務署長の報告）

第2条　税務署長は、税理士について、次の各号の一に該当する行為又は事実があると認めたときは、遅滞なく、その旨を所轄国税局長（沖縄国税事務所長）を含む。以下同じ。）に報告しなければならない。（平14訓令第5号改正）

一　故意に、又は相当の注意を怠り、真正の事実に反して税務代理若しくは税務書類の作成をしたとき、又は法第36条の規定に違反する行為をしたとき

二　法第33条の2第1項又は第2項の規定により添付する書面に虚偽の記載をしたとき。

三　法又は国税若しくは地方税に関する法令の規定に違反したとき

2　税務署長は、税理士法人について、次の各号の一に該当する行為又は事実があるとみとめたときは、遅滞なく、その旨を所轄国税局長に報告しなければならない。(平 14 訓令第 5 号追加)

一　法又は法に基づく命令に違反したとき

二　運営が著しく不当であるとき

3　前 2 項に規定する行為又は事実（以下「税理士法違反行為等」という。）の報告は、税理士法違反行為等報告書により行うものとし、当該報告書には、当該税理士又は当該税理士法人の税理士法違反行為等に関する一件書類を添付するものとする。(平 14 訓令第 5 号改正)

4　前項の税理士法違反行為等報告書は、別紙第 1 号（その 1）様式又は別紙第 1 号（その 2）様式による。(同上)

(所轄国税局長への通報)

第３条　国税局長は、前条第 1 項及び第 2 項の規定による報告を受けた場合又は自ら調査した場合において、当該国税局（沖縄国税事務所を含む。以下同じ。）の管轄区域内に税理士事務所を有しない税理士又主たる事務所を有しない税理士法人について、税理士法違反行為等があると認めたときは、遅滞なく、書面によりその旨を当該税理士の税理士事務所又は当該税理士法人の主たる事務所を管轄する国税局長に通報しなければならない。(平 14 訓令第 5 号改正)

2　前項の書面には、当該税理士又は当該税理士法人の税理上法違反行為等に関する一件書類を添付するものとする。(同上)

(国税局長の進達)

第４条　国税局長は、第 2 条第 1 項及び第 2 項の規定による報告若しくは前条第 1 項の規定による通報を受けた場合又は自ら調査した場合において、当該国税局の管轄区域内に税理士事務所を有する税理士又は主たる事務所を有する税理士法人について、懲戒処分等に相当する税理士法違反行為等があると認めたときは、遅滞なく、その旨を国税庁長官に進達しなければならない。（平14訓令第5号改正）

2　前項の規定による進達は、税理士法違反行為等進達書により行うものとし、当該進達書には当該税理士又は当該税理士法人の税理士法違反行為等に関する一件書類及び懲戒処分等の内容に関する意見書を添付するものとする。（同上）

3　前項の税理士法違反行為等進達書は、別紙第2号（その1）様式又は別紙第2号（その2）様式による。（同上）

4　第2項に規定する懲戒処分等の内容に関する意見書には、いかなる懲戒処分等によることが適当であるかに関する意見を記載するものとする。（同上）

（進達を要しない場合の国税局長の措置）

第5条　国税局長は、第2条第1項及び第2項の規定による報告又は第3条第1項の規定による通報を受けた場合において、当該国税局の管轄区域内に税理士事務所を有する税理士又は主たる事務所を有する税理士法人について、懲戒処分等に相当する税理士法違反行為等がないと認めたときは、遅滞なく、書面によりその旨及び理由を、当該報告をした税務署長又は当該通報をした国税局長に通知しなければならない。（平14訓令第5号改正）

2　前項の規定による通知を受けた国税局長は、遅滞なく、書面によりその旨を第2条第1項及び第2項の規定による報告をした税務署長に通知しなければならない。（同上）

（国税庁長官の進達）

第6条　国税庁長官は、第4条第1項の規定による進達を受けた場合において、当該進達に係る税理士又は税理士法人について、懲戒処分等に相当する税理士法違反行為等があると認めたときは、遅滞なく、その旨を財務大臣に進達しなければならない。（平 13 訓令第 1 号、平 14 訓令第 5 号改正）

（進達を要しない場合の国税庁長官の措置）

第７条　国税庁長官は、第 4 条第 1 項の規定による進達を受けた場合において、当該進達に係る税理士又は税理士法人について、懲戒処分等に相当する税理士法違反行為等がないと認めたときは、遅滞なく、書面によりその旨及び理由を、当該報告をした国税局長に通知しなければならない。（平 14 訓令第 5 号改正）

2　前項の規定による通知を受けた国税局長は、遅滞なく、書面によりその旨を第 2 条第 1 項及び第 2 項の規定による報告をした税務署長又は第 3 条第 1 項の規定による通報をした国税局長に通知しなければならない。（同上）

3　第 5 条第 2 項の規定は、前項の規定による通知を受けた国税局長について準用する。

（懲戒処分等の予告通知）

第８条　財務大臣は、第 6 条の規定による進達を受けた場合において、当該進達に係る税理士又は税理士法人について、懲戒処分等に相当する税理士法違反行為等があると認めたときは、遅滞なく、手続法第 15 条及び第 30 条の規定により、あらかじめ当該税理士又は当該税理士法人にその旨を通知して、当該通知を受けた日から 1 月以内に自ら又はその代理人を通じて、次の各号の区分に従い意見陳述のための手続を執らなければならない。（平 7 訓令特第 7 号、平 13 訓令第 1 号、平 14 訓令第 5 号改正）

一　当該税理士法違反行為等行為が法第44条に規定する戒告又は1年以内の税理士業務の停止の懲戒処分に相当する場合及び法第 48 条の 20 第 1

項に規定する戒告又は1年以内の業務の全部若しくは一部の停止を命ずる処分に相当する場合　弁明の機会の付与（平7訓令特第7号、平14訓令第5号改正）

二　当該税理士法違反行為等行為が法第44条に規定する禁止に相当する場合及び法第48条の20第1項に規定する解散を命ずる処分に相当する場合　聴聞（同上）

2　財務大臣は、前項第1号の弁明の付与に係る通知を受けた税理士又は税理士法人から弁明の機会の期間の延長の申請を受けたときは、その申請に相当の理由があると認めたときに限り、更に1月の範囲内で弁明する機会の期間を延長することができる。（平7訓令特第7号、平13訓令第1号、平14訓令第5号改正）

3　第1項の規定による通知は、通知書を国税庁長官及び第4号第1項の規定による進達をした国税局長を経由して当該税理士又は当該税理士法人送付することにより行うものとする。（平7訓令特第7号、平14訓令第5号改正）

4　前項の通知書は、第1項第1号の場合は別紙第3号（その1）様式又は別紙第3号（その2）様式、同項第2号の場合は別紙第4号（その1）様式又は別紙第4号（その2）様式による。（同上）

（懲戒処分等を要しない場合の財務大臣の措置）

第9条　税務大臣は、第6条の規定による進達を受けた場合において、当該進達に係る税理士又は税理士法人について、懲戒処分等に相当する税理士法違反行為等がないと認めたときは、遅滞なく、その旨及び理由を国税庁長官に通知しなければならない。（平13訓令第1号、平14訓令第5号改正）

2　国税庁長官は、前項の通知を受けたときは、遅滞なく、書面によりその旨を第4条第1項の規定による進達をした国税局長に通知しなければならない。

3　第7条第2項の規定は、前項の規定による通知を受けた国税局長について準用する。

4　第7条第3項の規定は、前項の規定による通知を受けた国税局長について準用する。

(国税局長の弁明書等の進達)

第10条　第8条第3項に規定する国税局長は、同条第1項の規定による通知を受けた税理士又は税理士法人から所定の期間内に弁明書が提出されたときは、遅滞なく、当該弁明書及び弁明内容に関する意見書を国税庁長官に進達しなければならない。(平14訓令第5号改正)

2　前項の弁明内容に関する意見書は、別紙第5号様式による。(同上)

(国税庁長官の弁明書等の進達)

第11条　国税庁長官は、前条第1項の規定による進達を受けたときは、遅滞なく、当該弁明書及び弁明内容に関する意見書を財務大臣に進達しなければならない。(平13訓令第1号改正)

2　国税庁長官は、前項の進達をするため必要あると認めたときは、前条第1項の規定による進達をした国税局長の意見を聴くことができる。

(弁明書が提出されない場合の報告)

第12条　第8条第3項に規定する国税局長は、同条第1項の規定による通知を受けた税理士又は税理士法人から所定の期間内に弁明書が提出されないときは、遅滞なく、書面によりその旨を国税庁長官を経由して財務大臣に報告しなければならない。(平13訓令第1号、平14訓令第5号改正)

（聴聞の実施）

第12条の2　第8条第1項に規定する聴聞の実施については、手続法のほか財務省聴聞手続規則（平成6年大蔵省令第98号）及び税理士法聴聞事務取扱規程（平成7年大蔵省訓令特第8号。以下「聴聞事務取扱規程」という。）による。（平7訓令特第7号追加、平13訓令第1号改正）

（聴聞の通知）

第12条の3　財務大臣は、聴聞事務取扱規程第2条及び第8条の規定により、聴聞の主宰者を指名又は聴聞の期日及び場所を決定したときは、第4条第1項の規定により進達を行った国税局長に通知しなければならない。（平7訓令特第7号追加、平13訓令第1号改正）

（国税庁長官の報告書等の進達等）

第12条の4　国税庁長官は、国税局長から聴聞事務取扱規程第19条の規定により聴聞結果報告書及び別紙第5号様式による聴聞結果報告書に対する意見書（以下「意見書」という。）の提出を受けた場合において、当該報告を十分に参酌したうえで、懲戒処分等に相当すると認めたときは、遅滞なく、当該聴聞結果報告書及び当該意見書を財務大臣に進達しなければならない。（平7訓令特第7号追加、平13訓令第1号、平14訓令第5号改正）

2　前項の意見書においては、聴聞に付さない証拠をもって法第44条第3号の税理士業務の禁止処分又は法第48条の20第1項に規定する税理士法人に対する解散を愛ずる処分を相当とすることはできない。（平7訓令特第7号追加、平14訓令第5号改正）

3　第7条各項の規定は、国税局長から聴聞事務取扱規程第19条の規定により聴聞結果報告書及び意見書の提出を受けた場合において、国税庁長官が懲戒処分等に相当しないと認めた手続について準用する。（同上）

（国税審議会への諮問）

第13条　財務大臣は、第11条第1項の規定による進達を受けたとき、第12条の報告を受けたとき又は前条第1項の規定により進達を受けたときは、法第47条第4項（法第48条の20において準用する場合を含む。）の規定により、国税審議会に当該進達又は報告に係る税理士又は税理士法人に対する懲戒処分等の可否及び懲戒処分等をすべき場合の処分内容につき諮問しなければならない。（平7訓令特第7号、平13訓令第1号、平14訓令第5号改正）

2　前項の場合において、第11条第1項の規定による進達を受けたものであるときは、同項の弁明書及び弁明内容に関する意見書を添えなければならない。

3　第1項の場合において、前条第1項の規定による進達を受けたものであるときは、同条同項の聴聞結果報告書及び意見書を添えなければならない。（平7訓令特第7号追加）

（懲戒処分等の通知）

第14条　財務大臣は、国税審議会から第13条に規定する懲戒処分等をすることが相当である旨の答申を受けたときは、遅滞なく、当該税理士又は当該税理士法人に対し、当該答申に基づいて懲戒処分をしなければならない。（平13訓令第1号、平14訓令第5号改正）

2　財務大臣は、懲戒処分等をするときは、法第47条第5項（法第48条の20において準用する場合を含む。）の規定により、その理由を付記した書面により、その旨を当該税理士又は当該税理士法人に通知しなければならない。（平7訓令特第7号、平13訓令第1号、平14訓令第5号改正）

3　前項の規定による通知は、税理士懲戒処分通知書又は税理士法人処分通知書を国税庁長官及び第4条第1項の規定による進達をした国税局長を経由して当該税理士又は当該税理士法人に送付することにより行うものとす

る（平 14 訓令第 5 号改正）

4　前項の税理士懲戒処分通知書は別紙第 6 号（その 1）様式、税理士法人処分通知書（別紙第 6 号（その 2）様式による。

5　国税庁長官は、懲戒処分等があったときは、遅滞なく、書面によりその旨を各国税局長及び日本税理士会連合会に通知するものとする。（同上）

6　前項の規定による通知を受けた国税庁長官は、遅滞なく、書面によりその旨を管下の税務署長に通知するものとする。

（懲戒処分等をしない旨の答申を受けた場合の措置）

第 15 条　財務大臣は、国税審議会から第 13 条に規定する懲戒処分等をしないことが相当である旨の答申を受けたときは、遅滞なく、その旨を国税庁長官に通知しなければならない。（平 13 訓令第 1 号、平 14 訓令第 5 号改正）

2　第 9 条第 2 項から第 4 項までの規定は、前項の通知があった場合において準用する。（平 14 訓令第 5 号改正）

（税理士懲戒処分等関係事務事績簿の整理保存）

第 16 条　国税局長は、税理士懲戒処分等関係事務事績簿を備え、懲戒処分等に関する事務処理を行った都度その事績を明らかにしておかなければならない。（平 14 訓令第 5 号改正）

2　前項の税理士懲戒処分等関係事務事績簿は、別紙第 7 号様式による。（同上）

附　則

この訓令は、昭和 57 年 7 月 8 日から施行する。

附　則（平７大蔵省訓令特第７号）

この訓令は、平成７年４月13日から施行する。

附　則（抄）（平成13年大蔵省訓令第１号）

1　この訓令は、平成13年１月６日から施行する。

附　則（抄）（平成14年財務省訓令第５号）

この訓令は、平成14年４月１日から施行する。

附　則（抄）（平成17年財務省訓令第５号）

この訓令は、平成17年４月１日から施行する。

別紙第１号（その１）様式（平７訓令特第７号、平14訓令第５号改正）

税 理 士 法 違 反 行 為 等 報 告 書

記　号　番　号
平成　年　月　日

国 税 局 長
殿
沖 縄 国 税 事 務 所 長

税　務　署　長　㊞

税　理　士

氏　　名

生　年　月　日

住　　所

登　録　番　号

税 理 士 事 務 所 又 は
所属事務所の所在地

上記の税理士について、下記のとおり、税理士法違反行為等があると認められるので、報告する。

なお、一件書類を別紙のとおり添付する。

記

別紙第２号（その１）様式（平 7 訓令特第 7 号、平 14 訓令第 5 号改正）

税 理 士 法 違 反 行 為 等 進 遺 書

記　号　番　号
平成　年　月　日

国 税 庁 長 官　殿

国 税 局 長

㊞

沖縄国税事務所長

税　理　士

氏　　名

生 年 月 日

住　　所

登 録 番 号

税理士事務所又は
所属事務所の所在地

上記の税理士について、下記のとおり、懲戒処分に相当する税理士法違反行為等があると認められるので、進達する。

なお、一件書類及び懲戒処分の内容に関する意見書を別紙のとおり添付する。

記

別紙第３号（その１）様式（平7訓令特第7号、平13訓令第1号、平14部訓令第5号改正）

税 理 士 懲 戒 処 分 予 告 通 知 書

記　号　番　号
平成　　年　　月　　日

殿

財務大臣　　　　㊞

あなたの下記の行為文は事実は、税理士法第　　条の懲戒処分事由に該当すると認められますので、行政手続法第30条の規定により、あらかじめ通知します。

なお、このことについて弁明することがある場合には、財務大臣あての弁明書を、この通知書受領の日から1月以内に{国税局長
沖縄国税事務所長}に提出してください。

記

（注意事項）弁明書を{国税局
沖縄国税事務所長}あて郵送する場合には書留にしてください。

別紙第４号（その１）様式（平 7 訓令特第 7 号、平 13 訓令第 1 号、平 14 訓令第 5 号改正）

税 理 士 懲 戒 処 分 予 告 通 知 書

記　　号　　番　　号

平成　　年　　月　　日

殿

財務大臣　　　　　㊞

あなたの別紙の行為又は事実は、税理士法第　　条の懲戒処分事由に該当すると認められますので、行政手続法第 15 条第 1 項の規定により、あらかじめ通知します。

なお、行政手続法第 13 条の規定に基づき聴聞を行いますので、下記により出頭してください。

記

1　期　　日　　平成　　年　　月　　日　午前／午後　　　時

2　場　　所

3　連 絡 先　　　　　　　　　　　　　　（担当　　　　　）

（注意事項）

1　聴聞では意見を述べ、証拠書類又は証拠物を提出することができます。

2　聴聞への出頭に代えて陳述書及び証拠書類等を聴聞主宰者に提出することができます。この場合、陳述書等を郵送で提出するときは書留にしてください。

3　聴聞が終結する時までの間、行政手続法第 18 条に基づき当該不利益処分の原因となる事実を証する資料の閲覧を求めることができます。

4　聴聞に出頭する際は、印鑑及び身分証明書を持参してください。

別紙第５号様式（平７訓令特第７号、平14訓令第５号改正）

聴聞結果報告書に対する　意見書
弁明内容に関する

記　号　番　号
平成　年　月　日

国税庁長官　殿

国税局長
㊞
沖縄国税事務所長

平成　年　月　日当局において受理した　聴聞結果報告書の意見の
税理士
税理士法人　の弁明書の弁明
内容について検討したてん末は印紙のとおりであるが、下記の理由により、
当該　意見　を認めることができる
弁明　の一部を認めることができる　と考える。
を認めることができない

記

別紙第６号（その１）様式（平７訓令特第７号、平13訓令第1号、平14訓令第５号、平17訓令第５号改正）

税理士懲戒処分通知書

記　　号　　番　　号
平成　　年　　月　　日

殿

財務大臣　　　　　㊞

税理士法（昭和26年法律第237号）第　条の規定に基づき、下記の理由により、あなたに対して　　　　　　の処分をしましたから、同法第47条第5項の規定により通知します。

なお、平成　年　月　日付「税理士懲戒処分予告通知書」に対し、あなた
｛から弁明(陳述)書の提出がありましたが｝｛その弁明(陳述)は｝
｛聴聞に出頭して意見陳述をしましたが、｝｛その弁明(陳述)の一部については、｝
別紙理由により認めることができません。

記

あなたの次の行為又は事実は、税理士法第　条の規定に違反し、同法第　条の規定に該当すると認められます。

(注意事項)

1　処分の効力について

この処分の効力は、この通知書があなたに送達された時から生ずることとなります。

2　不服申立てについて

この処分が聴聞手続を経ないでされた処分である場合において、不服があるときは、この処分があったことを知った日の翌日から起算して60日以内に財務大臣に対して異議申立てをすることができます。

3　取消しの訴えについて

(1)　この処分について不服があるときは、裁判所に対して、この処分に係る取消しの訴え（以下「取消訴訟」といいます。）を提起することができます。

(2)　この処分に係る取消訴訟の被告とすべき者は国（代表者　法務大臣）となります。

(3)　この処分に係る取消訴訟は、この処分があったことを知った日の翌日から起算して６月を経過したときは、提起することができません。

(4)　この処分に係る取消訴訟は、財務大臣に対する異議申立てをすることができる場合（上記２の場合）においても、異議申立てを経ずして提起することができます。

＜参考＞　始末書提出依頼文の様式

平成○○年○月○日

○○税理士会　綱紀監察部

会長 ~~（綱紀監察部長）~~ 宛始末書の提出について

今般の処分に関して、会長 ~~（綱紀監察部長）~~ 宛に下記の要件を記載した始末書を提出してください。

(FAX 締切　○月○日（○）　　最終締切　○月○日（○）必着)

1．事前に FAX 送信し、当部で内容確認後、原本を郵送すること。

2．正本に署名押印すること。

3．内容は、

①処分を受けたことの反省

②業務禁止（停止）期間中の生活手段

③関与先の承継（引継税理士の氏名等）

④職員の処遇（他の税理士への引継等）

⑤会計法人の措置（会計法人を主宰している場合のみ記載）

⑥役員の退任（税理士会又は支部等の役員に就任している場合のみ記載）

⑦処分期間中及び今後の関係法令・会則規則等の遵守及び期間中に税理士業務を行わないことの誓約

について、記載すること。

4．始末書の日付は記載日付とすること。

＜参考＞　始末書の様式

始　末　書

令和　　年　　月　　日

○○税理士会

会長 ~~（綱紀監察部長）~~　○○○○　殿

支　　　部

事務所所在地

氏　名　　　　　　　　　㊞

税理士業務禁処分者への対応について

1　以下の書類等の提出及び返還を受けること。

⑴税理士登録抹消届出書の提出

⑵税理士会員退会届提出

⑶始末書の作成（事前にFAXで内容確認）及び郵送

⑷税理士会員章（バッチ）の返還、

⑸略章を購入していればその返還

⑹税理士証票の返還

⑺事務所内外の看板の撤去

⑻名刺、名称入り用箋・封筒・事務用品の廃棄

⑼FAX送信文の送信元の表示の抹消

⑽ホームページ広告の削除

⑾更新時の電話帳広告塔の削除

2　事情聴取

⑴日程調整（2/6、2/12、2/13、2/14）

当日持参及び提供を受けるもの

・関与先一覧

・従業員名簿

・上記1の⑴～⑹のうち該当するもの

⑵税理士懲戒処分通知書の持参、提示、写しの提出

⑶処分通知書を基に具体的事実について本人の説明、弁明

⑷関与先一覧表を参考に関与先の契約解除及び引継税理士への引継ぎ状況を説明

納税者に対する引継ぎを書面で通知しているかを含めて

用語索引

【ら行】

〈主要参考文献〉

・「税理士法逐条解説　7 訂版」（日本税理士会連合会）

・「実践税理士法」（中央経済社，坂田純一）

・「税理士法の実務」（大蔵財務協会，渡邉定義・藤原茂理）

・「税理士業務要覧」（東京税理士会）

・「図解＆条文解説　税理士法」（清文社，近畿税理士会制度部）

・「税理士の専門家責任とトラブル未然防止策」（清文社，鳥飼重和・齋藤和助）

【著者略歴】

喜屋武　博一（きゃん　ひろいち）

1983年	国税専門官（13期）として東京国税局採用
1983〜1996年	横浜南，保土ヶ谷，芝，平塚，日本橋の各税務署に勤務し，個人事業主及び富裕層の税務調査に従事
1996〜2002年	東京国税局査察部（実施担当），俗称「マルサ」にて脱税事案の調査に従事
2002〜2004年	税理士専門官として税理士の指導，監督事務に従事
2004〜2007年	東京国税局査察部（企画担当主査，情報技術専門官，総括主査）
2007〜2009年	預金保険機構に上席調査役として出向，整理回収機構（RCC）の支援業務に携わる
2009〜2010年	川崎西税務署　副署長
2010〜2011年	小田原税務署　副署長
2011年7月	東京国税局を辞職の後，同年8月税理士登録

〈講演等の実績〉
東海税理士会
東京地方税理士会　平塚支部
東京商工会議所

著者との契約により検印省略

令和３年７月20日　初 版 発 行

理論と実例から導き出す
税理士懲戒処分の考え方と予防策

著　　者　喜屋武　博　一
発 行 者　大　坪　克　行
印 刷 所　美研プリンティング株式会社
製 本 所　牧製本印刷株式会社

発 行 所　〒161-0033　東京都新宿区下落合２丁目５番13号　株式会社　**税 務 経 理 協 会**
振替　00190-2-187408　電話（03）3953-3301（編集部）
FAX（03）3565-3391　（03）3953-3325（営業部）
URL　http://www.zeikei.co.jp/
乱丁・落丁の場合は，お取替えいたします。

ISBN978－4－419－06790－8　C3034